lonely planet

DE CERCA
SINGAPUR

Ria de Jong

Sumario

Puesta a punto 4

Arriba: antigua casa
de Tan Teng Niah (p. 71).
Abajo: Jardín Botánico de Singapur (p. 96).

Explora Singapur 33

Guía práctica 173

ARRIBA: LUCIANO MORTULA/GETTY IMAGES ©, ABAJO: JUSTHAVEALOOK/GETTY IMAGES ©

★ Imprescindible

El viaje empieza aquí

El proverbio “el buen perfume se vende en frasco pequeño” describe Singapur a la perfección. Este microestado se caracteriza por eternos contrastes: aunque suele mirar al futuro con una arquitectura visionaria, eficiencia fulminante e imagen impecable, a un tiro de piedra de sus bulliciosas vías aguardan lugares de suma trascendencia histórica y cultural como mercados animados, verdes junglas, templos caleidoscópicos y tradicionales edificios de uso comercial y residencial. Otro aspecto emocionante es la gastronomía, desde las creaciones de famosos chefs hasta las delicias de las áreas de restauración.

Ria de Jong

@ria_in_transit

Ria es una escritora de viajes que ha vivido en el sureste asiático 15 años, 10 de ellos en la soleada Singapur; esta es la quinta edición sobre la ciudad-Estado que redacta para Lonely Planet.

Jardines de la Bahía (p. 38).

I VIEWFINDER/SHUTTERSTOCK ©

LO MEJOR

Áreas de restauración

La cultura de los *hawkers,* parte integral de la identidad culinaria de Singapur, fue declarada Patrimonio Cultural Inmaterial de la Humanidad por la Unesco en el 2020; hay que visitar algunos de estos centros para sumergirse en la gastronomía del país.

Visitar el **Chinatown Complex,** máximo exponente de las áreas de restauración singapurenses con más de 260 puestos. (p. 143)

Entrar en el **Maxwell Food Centre** y contemplar las legendarias colas ante dos puestos de pollo con arroz que compiten ferozmente. (p. 143; foto)

Darse un banquete de comida india y callejera en el abarrotado **Tekka Centre** de Little India. (p. 65)

Acudir al **Amoy Street Food Centre** a la hora del almuerzo para catar platos clásicos y delicias modernas. (p. 138)

Ponerse las botas con *satay* (brochetas) y marisco sintiendo la caricia de la brisa marina en el **East Coast Lagoon Food Village,** dentro del East Coast Park. (p. 158)

Dcha.: Chinatown (p. 127).

ODYSSEUS
廣安堂
飲茶酒樓
EASTERN SILK TRADING
NewMoon
REHOUSE SALE

LO MEJOR

Museos y galerías

Singapur presume de cuantiosos museos excepcionales que revelan la evolución de la isla y las fascinantes historias de sus habitantes.

Ahondar en la historia del país en el **Museo Nacional de Singapur,** el más antiguo del Estado. (p. 46)

Visitar el **Museo de las Civilizaciones Asiáticas,** que rinde homenaje a las conexiones interculturales de la región. (p. 40)

Descubrir la cruda historia del barrio chino en el **Chinatown Heritage Centre,** donde el pasado cobra vida. (p. 136)

Explorar la vibrante cultura de los chinos de los estrechos a través de objetos históricos y muestras inmersivas en el **Museo Peranakan.** (p. 48)

Familiarizarse con la comunidad india de Singapur en el vanguardista **Indian Heritage Centre.** (p. 64)

Admirar arte del sureste asiático que abarca del s. XIX a la actualidad en la **Galería Nacional de Singapur.** (p. 47)

Galería Nacional de Singapur.

Antigua fábrica Ford (p. 169).

LO MEJOR

Vestigios de la II Guerra Mundial

La II Guerra Mundial marcó un antes y un después en la historia de Singapur; varios museos evocadores y lúgubres emplazamientos bélicos conmemoran este trascendente período.

Sentir emociones profundas en la **Capilla y Museo de Changi,** homenaje a los prisioneros de guerra que lucharon con los Aliados. (p. 152)

Perderse por las inquietantes galerías y cámaras subterráneas de **Battlebox,** puesto de mando británico durante la guerra. (p. 52)

Informarse sobre la entrada de Singapur en el conflicto y los años de ocupación japonesa en la **antigua fábrica Ford.** (p. 169)

Descubrir la resistencia del Regimiento Malayo ante las fuerzas niponas en 1942 en el centro **Reflections at Bukit Chandu**. (p. 109)

Honrar a los caídos en el **monumento de guerra de Kranji,** donde descansan más de 4000 soldados y figuran los nombres de 24 000 en las paredes. (p. 112)

LO MEJOR

Edificios religiosos

En Singapur conviven practicantes de distintas fes: budismo (31%), cristianismo (19%), islam (16%), taoísmo (9%) e hinduismo (5%); los magníficos templos de la isla atestiguan este mosaico de religiones.

Deambular por las cinco plantas del **templo de la Reliquia del Diente de Buda,** donde se conserva un supuesto diente de Buda. (p. 138)

Visitar la enjalbegada **catedral de San Andrés,** anglicana y de estilo neogótico, construida por convictos indios. (p. 46)

Maravillarse ante el **templo Thian Hock Keng,** lugar de culto hokkien en Chinatown adornado con leones de piedra y vigas ricamente labradas. (p. 136; foto)

Dejarse hechizar en Kampong Glam por la cúpula dorada de la **mezquita del Sultán,** digna de ilustraciones de libros de cuentos. (p. 73)

Percibir la hipnótica energía del **templo Sri Veeramakaliamman,** en Little India, dedicado a la diosa indú Kali. (p. 70; foto)

DE IZDA. A DCHA.: SHADOW OF LIGHT/SHUTTERSTOCK ©, ADRIAN BAKER/SHUTTERSTOCK ©

KATERYNA NEGODA/GETTY IMAGES ©

Night Safari (p. 166).

LO MEJOR

Experiencias nocturnas

La luz crepuscular y el fresco aire vespertino dan paso a la animada vida nocturna de Singapur, orientada a personas con gustos y deseos distintos.

Subir a vehículos eléctricos y pasar en silencio junto a casi 130 especies de animales en el elogiado zoo nocturno **Night Safari.** (p. 166)

Escuchar *jazz* en **Blu Jaz,** uno de los mejores locales de música en directo. (p. 80)

Pedir varias raciones de *satay* (brochetas) acompañadas de cerveza Tiger bien fría en el mercado nocturno **Satay Street.** (p. 51)

Dejarse seducir por los sabores del sureste asiático en la coctelería **Native,** donde usan ingredientes locales. (p. 140)

Unirse a los juerguistas en el bullicioso **Clarke Quay.** (p. 54)

Acudir al circuito de Marina Bay, donde en septiembre se disputa una emocionante carrera nocturna de **Fórmula 1.** (p. 35)

LO MEJOR

Coctelerías

Famosa por el icónico cóctel Singapore Sling, Singapur es un referente en el ámbito de la mixología donde los bármanes experimentan con ingredientes exóticos y técnicas innovadoras en locales tradicionales y bares "clandestinos".

Saborear cócteles clásicos reinterpretados con un toque singapurense en la veterana **Nutmeg & Clove.** (p. 58)

Sorber un *gin-tonic* en la coctelería *art déco* **Atlas,** con una torre de 12 m llena de botellas de ginebra. (p. 76)

Pedir una copa inspirada en la edad de oro de los cócteles en **Manhattan,** cita obligada para los aficionados a los licores selectos. (p. 90)

Ponerse al día en materia de mixología en **Backdrop,** donde el experto barman Dario Knox presenta sus cócteles. (p. 90)

Dejarse sorprender en el **No Sleep Club** por las creaciones de dos leyendas del arte de la coctelería. (p. 144)

Degustar cócteles sofisticados con vistas fantásticas de Padang y Marina Bay en el lujoso bar de azotea **Smoke & Mirrors.** (p. 58)

Dcha.: Atlas (p. 76).

LO MEJOR

Propuestas para 'gourmets'

El crisol de culturas que componen Singapur ha dado lugar a uno de los panoramas gastronómicos más diversos del mundo, con exquisiteces que hacen la boca agua.

Apreciar el toque japonés contemporáneo que el chef Takuya Yamashita aporta a la cocina clásica francesa en el excelente **Whitegrass.** (p. 56)

Atiborrarse en **A Noodle Story,** cuyo único plato de *ramen* atrae a los singapurenses entendidos en comida. (p. 138)

Lamer hasta el fondo del bol en el restaurante de culto **328 Katong Laksa.** (p. 151)

Reservar mesa en **Candlenut** para deleitar el paladar con la refinada cocina peranakan en un cuartel colonial. (p. 102)

Pedir *murtabak* (sabrosas tortitas rellenas) en **Zam Zam,** en activo desde 1908. (p. 74; foto)

Participar en catas y talleres de cocina durante el **Festival Gastronómico de Singapur** celebrado en julio. (p. 55)

GAIL JOHNSON/SHUTTERSTOCK ©

Mandai Wildlife Reserve (p. 166).

LO MEJOR

Actividades en plena naturaleza

La diversidad paisajística, que abarca desde jardines tranquilos hasta frondosas selvas con rutas de senderismo y encuentros con la fauna, ofrece una apacible escapada en un contexto muy urbano.

Dar un salto al futuro en los **Jardines de la Bahía,** con biocúpulas de la era espacial, superárboles de alta tecnología y raras esculturas. (p. 38)

Hacer un pícnic en el **Jardín Botánico de Singapur** o pasear por su selva ancestral y sus jardines temáticos. (p. 96)

Visitar la **Mandai Wildlife Reserve,** reputada reserva natural con numerosas especies faunísticas. (p. 166; foto)

Estirar las piernas por el **Southern Ridges,** sendero de 10 km con espectaculares vistas del entorno urbano y natural. (p. 108)

Recorrer el tramo central (4 km) del **Rail Corridor,** sección de un antiguo corredor ferroviario de 24 km que cruza la isla. (p. 168)

Explorar la rústica isla de **Pulau Ubin** en bici o a pie. (p. 157)

LO MEJOR

Experiencias originales

Por mucho que impresionen, las emblemáticas atracciones de Singapur solo permiten hacerse una idea superficial de la vida cotidiana; para descubrir la esencia de esta isla única, toca aventurarse en busca de sus joyas ocultas.

Interrumpir el ritmo frenético de la ciudad en **Changi Village,** donde aguarda un relajante ambiente de playa. (p. 157)

Ver el último horno dragón de Singapur en **Thow Kwang Pottery Jungle** y hacerse con una pieza de cerámica peranakan. (p. 113)

Huir del desarrollo moderno en **Lorong Buangkok,** último *kampong* que sobrevive en la isla principal. (p. 170)

Darse un chapuzón o hervir un huevo con agua termal en el **Sembawang Hot Spring Park.** (p. 170)

Visitar el **monasterio Lian Shan Shuang Lin,** inspirado en el templo Xi Chang Shi de Fuzhou (China). (p. 169; foto)

Entretenerse y llevarse algún susto en el **Haw Par Villa,** donde peculiares esculturas y dioramas a escala real ilustran la ética china. (p. 110; foto)

DE IZDA. A DCHA.: RIA DE JONG/LONELY PLANET ©, PHIL WEYMOUTH/LONELY PLANET ©

Lo mejor para niños

Realizar un divertido circuito por Marina Bay a bordo del colorido vehículo anfibio de la II Guerra Mundial de **Singapore DUCKtours.** (p. 47)

Observar de cerca un montón de animales en la **Mandai Wildlife Reserve,** que incluye el zoo de Singapur, Night Safari, River Wonders y Bird Paradise. (p. 166)

Acudir a **Sentosa,** isla destinada al ocio que presume de parques temáticos, atracciones y playas. (p. 117)

Dejarse cautivar por los futuristas **Jardines de la Bahía,** cuya sección infantil abarca áreas de juego con agua y casas en árboles de gran tamaño. (p. 38)

Desvelar las maravillas del **Children's Museum,** primer museo de Singapur centrado en los peques -ideal para menores de 12 años- con muestras inmersivas e interactivas. (p. 49)

Lo mejor gratis

Dejarse encandilar por los futuristas **Jardines de la Bahía,** con superárboles de alta tecnología que cada noche protagonizan un espectáculo de luces, jardines temáticos y exposiciones de arte. (p. 38)

Evocar el turismo de la década de 1950 en **Haw Par Villa,** parque temático fabulosamente extravagante y bastante aterrador. (p. 110)

Explorar la **Galería de la Ciudad de Singapur** para averiguar cómo ha evolucionado de bullicioso puerto a motor tecnológico y qué le reserva el futuro. (p. 131)

Ascender a la azotea del ala del ayuntamiento de la **Galería Nacional de Singapur** para contemplar un panorama despampanante. (p. 47)

Pasar una mañana en el **Jardín Botánico de Singapur,** exuberante oasis con flora diversa, lagos plácidos, instalaciones artísticas y senderos. (p. 96)

Tres días perfectos

PRIMER DÍA

Si solo se dispone de un día

MAÑANA

Se propone un paseo por los Quays (muelles), a orillas del río, seguido de la visita al **Museo de las Civilizaciones Asiáticas** (p. 40) y al **Museo Nacional de Singapur** (p. 46) en el Distrito Colonial.

TARDE

Tomar el metro (MRT) hasta Little India y hacer un alto en el **Tekka Centre** (p. 65) antes de descubrir la historia de la zona en el **Indian Heritage Centre** (p. 64). Al sureste se halla Kampong Glam, con la **mezquita del Sultán** (p. 73; foto) y tiendas únicas en **Haji Lane** (p. 74) y **Arab Street** (p. 75).

NOCHE

Visitar los futuristas **Jardines de la Bahía** (p. 38) para asistir al espectáculo de luz y sonido Garden Rhapsody.

Cúpula de las Flores, Jardines de la Bahía (p. 38).

DE IZDA. A DCHA.: MATT MUNRO/LONELY PLANET ©, RONNIE CHUA/SHUTTERSTOCK ©, FELIX HUG/LONELY PLANET ©, MOLPIX/SHUTTERSTOCK ©

SEGUNDO DÍA

Un fin de semana

MAÑANA

Visitar el **Chinatown Heritage Centre** (p. 136) y el **templo Thian Hock Keng** (p. 136; foto) antes de informarse sobre la metrópolis en la **Galería de la Ciudad de Singapur** (p. 131).

TARDE

Tras ahondar en la cultura peranakan en Joo Chiat haciendo una parada en las **'shophouses'** (p. 151) de Koon Seng Rd, visitar la **Capilla y Museo de Changi** (p. 152) y dar un vespertino paseo en bici frente al mar en el **East Coast Park** (p. 155).

NOCHE

Al anochecer, ir a **Geylang** (p. 153), barrio rojo legal con luces de neón donde se yuxtaponen templos y excelentes puestos de comida callejera (hay que probar el durián).

TERCER DÍA

Una escapada

MAÑANA

Se aconseja madrugar para evitar aglomeraciones en el **zoo de Singapur** (p. 166; foto); la entrada combinada Park Hopper da acceso a los demás parques de la **Mandai Wildlife Reserve** (p. 166). Alternativamente, se pueden estirar las piernas en el verde **Jardín Botánico de Singapur** (p. 96).

TARDE

La diversión continúa en la isla Sentosa, ya sea con los toboganes acuáticos de **Adventure Cove Waterpark** (p. 122) o la mezcla de atracciones y espectáculos de **Universal Studios** (p. 118).

NOCHE

Por último, se puede tomar una copa en algún club de playa y cenar en el mercado nocturno **Satay Street** (p. 51).

Con más tiempo

En el **Southern Ridges** (p. 108) aguardan vistas panorámicas, pasarelas elevadas en el bosque y el puente peatonal **Henderson Waves** (p. 109). También es posible visitar el desgarrador museo de guerra **Reflections at Bukit Chandu** (p. 109) o el laberíntico enclave artístico **Gillman Barracks** (p. 112). Se puede concluir la excursión matutina con un trayecto en teleférico desde el **monte Faber** (p. 111) al gigantesco centro comercial **VivoCity** (p. 115), con una vasta oferta gastronómica.

Con el estómago lleno, no está de más acudir a **Haw Par Villa** (p. 110), inusual parque temático sobre mitología china donde solo los valientes se atreverán a entrar en el terrorífico Museo del Infierno.

Como colofón, cenar en **Candlenut** (p. 102), encantador restaurante de cocina peranakan en un antiguo cuartel de la arbolada **Dempsey Hill** (p. 99). Luego toca dirigirse a Holland Village, donde el animado **Wala Wala Cafe Bar** (p. 101) da muestra del ambiente nocturno en Lorong Mambong.

Henderson Waves (p. 109).

WUTTIPONG POTAWIN/SHUTTERSTOCK ©

Un día de excursión

El "extremo oriente" de Singapur, que solo dista 30 min en taxi del centro, se caracteriza por un estilo de vida pausado y nostálgico. Se comienza con una breve travesía en *bumboat* (gran barcaza motorizada) a **Pulau Ubin** (p. 157; foto), rústica isla que, por suerte, ha escapado al desarrollo; es posible explorar sus maravillas naturales a pie o en bici, sin olvidar llevar agua en abundancia.

Completada la aventura, se regresa a la isla principal para pasar una velada tranquila en el **Changi Village Hawker Centre** (p. 158). Tras reponer fuerzas con exquisiteces locales, se puede tomar una cerveza artesana en **Little Island Brewing Co** (p. 115) contemplando la puesta de sol.

En un día de lluvia

Aunque la lluvia suele durar poco, uno puede esperar a que escampe en la **Galería Nacional de Singapur** (p. 47), que incluye el espacio infantil Keppel Centre for Art Education, o en el vecino **Museo Peranakan** (p. 48).

Otra opción es ir de compras en Orchard Rd, calle con tiendas para todos los bolsillos, desde las *boutiques* de los centros comerciales **ION Orchard** (p. 91) y **Paragon** (p. 91; foto) hasta los negocios más asequibles de **Far East Plaza** (p. 86) y **313@ Somerset** (p. 86). También hay cines, la colosal librería **Kinokuniya** (p. 91), karaokes y el parque de deportes de aventura **Trifecta** (p. 88), así como áreas de restauración, cafeterías y pasadizos subterráneos para no mojarse.

Prepararse

ANTES DE PARTIR

Entre seis y dos meses antes Comprar entradas para eventos importantes como el Gran Premio de Fórmula 1; reservar mesa en restaurantes de lujo.

Un mes antes Reservar una cama si se planea dormir en un albergue en fin de semana.

Una semana antes Buscar ofertas de última hora en webs de alojamiento y consultar la programación de festivales y otros eventos.

Costumbres

La sociedad singapurense es conservadora y respetuosa. En los espacios públicos no se debe escupir, tirar basura ni fumar fuera de las áreas designadas. Se aconseja no dar muestras de afecto abiertamente y vestir con recato, sobre todo en lugares de culto.

Es habitual dirigirse a las personas mayores con el término "tío/tía" en señal de respeto.

Cómo funcionan las áreas de restauración

Se colocan paquetes de pañuelos en los asientos que se quieren reservar. Los puestos no suelen dar servilletas, pero normalmente hay vendedores de pañuelos cerca. Compartir mesa con desconocidos es algo común. Conviene fijarse en el número de mesa (si existe), pues a menudo lo piden para servir la comida.

Si se ve el cartel *self-service,* tocará esperar a que el pedido esté listo; la ley exige devolver la bandeja al terminar.

Lo que hay que saber

Ropa Con un clima caluroso y húmedo, las prendas ligeras y transpirables son indispensables; se recomienda llevar jersey o chaquetita por el fuerte aire acondicionado en restaurantes y centros comerciales.

Protección Sombrero y paraguas resultan útiles para guarecerse del sol y la lluvia; el repelente de mosquitos es imprescindible en la naturaleza y durante el crepúsculo.

Etiqueta Clubes y restaurantes selectos suelen tener un código de vestimenta, así que más vale vestir elegante.

Palillos No hay que ensartar la comida con los palillos ni colocarlos en posición vertical sobre el arroz, pues se considera un gesto grosero o de mala suerte. Tampoco se deben cruzar los palillos ni apoyarlos en la mesa; se depositan en su soporte o en otro plato.

PROPINAS

No se acostumbra a dar propina. La mayoría de los restaurantes y hoteles incluyen un cargo por servicio del 10% en la cuenta, a diferencia de las áreas de restauración. Se agradece una propinita cuando uno queda satisfecho, pero no es obligatoria.

10%
Restaurantes
Cargo por servicio del 10%

10%
Bares y 'pubs'
Cargo por servicio del 10%

1 SG$
Taxis
Redondeo del importe dólar arriba

NO
Aeropuerto de Changi
Prohibido dar propina al personal aeroportuario

PRESUPUESTO DIARIO

Económico Menos de 200 SG$

- Cama en albergue: **25-50 SG$**
- Comida (área de restauración): **4-7 SG$**
- Entrada de museo: **5-30 SG$**
- Abono de transporte público Singapore Tourist Pass (24 h): **22 SG$**

Medio Entre 200-400 SG$

- Hab. doble (hotel de gama media): **200-350 SG$**
- Cena (dos platos y vino): **100-150 SG$**
- Visita guiada: **40-60 SG$**
- Cóctel (bar decente): **25-35 SG$**

Alto Más de 400 SG$

- Hab. doble (hotel de 4/5 estrellas): **450-1500 SG$**
- Degustación (restaurante de categoría): **desde 350 SG$**
- Entrada de teatro: **150 SG$**
- Circuito en vespa con sidecar: **200 SG$/h**

Moneda
Dólar singapurense (SG$)

Idiomas
Inglés, chino mandarín, malayo, tamil

Hora local
Hora estándar de Singapur (GMT/UTC +8 h)

CONSEJO

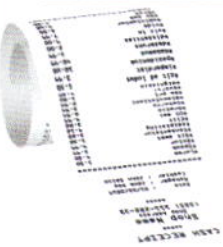

Los turistas pueden solicitar el reembolso del impuesto sobre bienes y servicios (9%) aplicado a compras realizadas en ciertos establecimientos minoristas si gastan más de 100 SG$.

Cuándo ir

Singapur es un destino excelente todo el año; gracias a su cálido clima tropical, la temperatura diurna oscila entre 28 °C y 31 °C.

Singapur tiene un clima caluroso y húmedo sin marcadas variaciones estacionales. Llueve casi a diario, pero escampa rápidamente. Existen dos monzones oficiales: el del noreste (dic-mar) y el del suroeste (med jun-sep). En el período más favorable (feb-abr) hay menos precipitaciones y humedad. Los meses de transición (sep-oct) también resultan agradables. La isla puede verse afectada por el humo de los incendios que se desatan en países vecinos (may-ago).

Grandes eventos

Enero El arte cobra vida durante el espectacular **Light to Night Singapore,** festival presentado por la **Galería Nacional de Singapur** (p. 47) en que se diseminan más de 60 obras y programas interesantes por el Distrito Cívico.

Febrero El **Chingay,** mayor desfile callejero multicultural de Singapur, abarca carrozas deslumbrantes, trajes coloridos y actuaciones que revelan los diversos talentos de esta ciudad-Estado; se paga entrada.

Julio El **Festival Gastronómico de Singapur** (p. 55) rinde homenaje al patrimonio culinario de la isla; chefs locales, gastrónomos y *gourmets* se dan cita para disfrutar de platos tradicionales y contemporáneos.

Septiembre Marina Bay sube de revoluciones con ocasión del **Gran Premio de Singapur,** carrera nocturna de Fórmula 1. La competición, que se alarga tres días, combina velocidad, pompa, glamur y entretenimiento; las entradas se agotan enseguida, así que conviene reservarlas con mucha antelación.

Clima

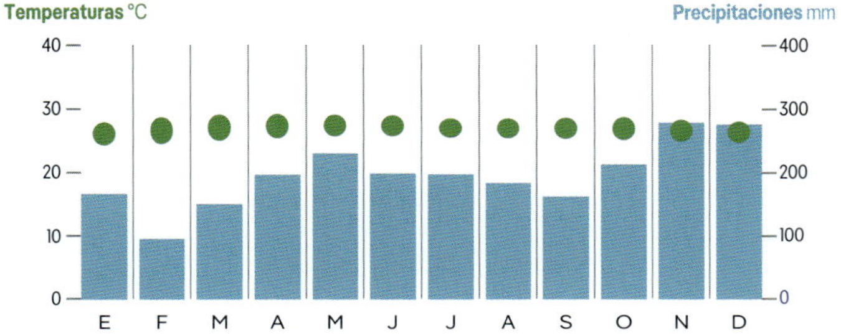

SAM'S STUDIO/SHUTTERSTOCK ©

Desfile callejero Chingay.

Festividades religiosas

Enero/febrero El festival hinduista **Thaipusam** es conocido por la intensa devoción de los participantes; entre cánticos, música y fervientes oraciones, los peregrinos parten del **templo Sri Srinivasa Perumal** (p. 71) cargando *kavadis* (pesadas estructuras metálicas) que les perforan la piel.

Marzo/abril El **Hari Raya Puasa** o Eid al-Fitr (Fiesta del Fin del Ayuno) observado por la comunidad musulmana marca el final del ramadán; después del ocaso, se puede acudir al bazar de **Geylang Serai** (p. 151) o a Kampong Glam para admirar vistosas luces decorativas y probar manjares.

Mayo El **templo de la Reliquia del Diente de Buda** (p. 138) de Chinatown es el escenario del **Día de Vesak,** fiesta que conmemora el nacimiento, la iluminación y la muerte de Siddharta Gautama; los devotos adornan coloridas banderas de plegaria, encienden velas y varitas de incienso y cantan himnos en reverencia a Buda.

Octubre/noviembre Little India brilla durante el **Diwali;** el "festival de las luces" celebra el triunfo del bien sobre el mal con lámparas, fuegos artificiales, dulces y una multitudinaria fiesta callejera como colofón en la víspera.

CONSEJOS SOBRE ALOJAMIENTO

Dormir en Singapur no sale barato, por lo que es mejor evitar los períodos de mayor afluencia; p. ej., las vacaciones escolares de junio y diciembre o el Año Nuevo chino. Los precios se disparan durante eventos importantes como un concierto o una carrera automovilística.

Cómo llegar

La mayoría de los visitantes acceden al país por el aeropuerto de Changi, 20 km al noreste del centro. También hay conexiones en autobús y tren con Malasia y Tailandia, y en ferri con Malasia e Indonesia.

Del aeropuerto al centro

MRT

El metro (MRT) es la mejor opción económica; la estación se halla bajo la T2 y la T3. El trayecto hasta el ayuntamiento cuesta 2,04 SG$ (35 min, trasbordo en Tanah Merah). Los trenes circulan de 5.30 a 23.18.

Taxi o vehículo con conductor

Hay paradas de taxi en todas las terminales; la carrera a la ciudad cuesta 20-40 SG$, con recargo de 18.00 a 5.00. Se pueden reservar vehículos con conductor mediante la aplicación Grab; existen puntos de recogida en cada terminal y el precio es asequible (20-30 SG$).

Autobús

El nº 36 parte de la T1, la T2, la T3 y el aparcamiento 4B con destino al Distrito Colonial (2,16 SG$) y a Orchard Rd (2,22 SG$); tarda 75-90 min (6.00-23.00, cada 10 min).

Traslado privado y lanzadera

Es posible reservar traslados en los mostradores de Ground Transport Concierges (GTC), las 24 h en todas las terminales, o con la aplicación iChangi; los vehículos privados tienen cuatro/siete plazas (55/60 SG$). La City Shuttle (lanzadera urbana) sale cada hora de 7.00 a 23.00 (adultos/niños 10/7 SG$ a zonas céntricas).

Otros puntos de entrada

Por tierra

Hay dos fronteras terrestres entre Singapur y Malasia; la carretera Johor-Singapur es la más conveniente. En Johor Bahru se pueden tomar autobuses, taxis y trenes que cruzan el confín; el **tren de KTM** (shuttleonline.ktmb.com.my) es más rápido, pero deja a los pasajeros justo después de la frontera en el Woodlands Train Checkpoint. Algunas compañías de autobuses privadas operan desde destinos de Malasia como Kuala Lumpur, Malaca y Penang.

Por mar

La terminal de ferris Tanah Merah y la terminal HarbourFront enlazan con Malasia e Indonesia.

Cómo desplazarse

Moverse por Singapur es muy sencillo gracias a su impecable transporte público, que abarca una extensa red de trenes (MRT) y autobuses. A ello se suman bicicletas de alquiler y asequibles taxis y vehículos con conductor, así como vías peatonales anchas y cuidadas entre abundantes espacios verdes.

MRT

Seis líneas de metro (MRT) sumamente eficientes cruzan la isla; recordar el nombre de la última parada ayuda a identificar el andén correcto.

Las estaciones suelen tener muchas salidas diferenciadas con letras, así que conviene fijarse en los carteles para saber hacia cuál dirigirse.

Los trenes funcionan a diario de 5.30 a 24.00, horario que se amplía en períodos festivos; la frecuencia es de 5-12 min o 2-4 min en horas punta.

Autobús

Los autobuses urbanos son modernos, seguros y económicos (y tienen aire acondicionado, algo importante). Los carriles-bus garantizan la puntualidad del servicio, si bien los vehículos van a rebosar antes y después de que empiece y termine la jornada laboral.

Hay que levantar la mano para indicar al conductor que pare. El pasajero debe acercar al lector su tarjeta de pago o EZ-Link al subir y al bajar; de lo contrario, se cobrará la tarifa plena como si fuera hasta el final de línea.

SORBIS/SHUTTERSTOCK ©

'APP' ESENCIAL

Descargar la aplicación Citymapper para planificar trayectos en diversos medios de transporte.

Al igual que los trenes, los autobuses circulan de 5.30 a 24.00 (o, en ciertos casos, 24 h); los horarios específicos figuran en sbstransit.com.sg.

Taxi o vehículo con conductor

Los taxis no salen tan baratos como antes de la pandemia del covid-19, pero la tarifa aún es razonable excepto en horas punta o durante una tormenta. El viajero puede parar un vehículo con taxímetro o reservar uno con el precio fijado de antemano mediante las aplicaciones CDG Zig o Grab (equivalentes a Uber).

Bicicleta compartida

En la ciudad operan varias compañías de bicicletas compartidas, servicio relativamente fácil de usar: basta descargar la aplicación, crear una cuenta, escanear el código QR del vehículo y pedalear. La mayoría incorporan el seguimiento por GPS para localizar las áreas de estacionamiento designadas; aparcar mal puede comportar una sanción de 5 SG$.

En trenes y autobuses solo se admiten bicis plegables que se ajusten a las dimensiones permitidas.

A pie

Los barrios se exploran mejor a pie, aunque se producen aglomeraciones en aceras estrechas de Chinatown y Little India.

Debido al clima extremadamente cálido y húmedo, se aconseja vestir prendas frescas y transpirables en cualquier época del año. Siempre es buena idea llevar paraguas para protegerse del sol y los aguaceros.

Transporte público

Tarifas

- Para estancias de varios días, lo mejor es pagar el transporte público con la **tarjeta EZ-Link** (ezlink.com.sg), válida en el MRT, autobuses, taxis acuáticos, el monorraíl Sentosa Express y casi todos los taxis; basta acercar la tarjeta a los sensores de la estación o el vehículo al entrar y al salir.
- Otra opción es comprar el abono de uno, dos o tres días **Singapore Tourist Pass** (thesingaporetouristpass.com.sg), que ofrece viajes ilimitados en tren y autobús, además de ventajas y descuentos en tiendas y atracciones.
- Es posible pagar el transporte público con una tarjeta de crédito internacional; consultar las comisiones del banco emisor.
- En los autobuses se acepta dinero en metálico (solo el importe exacto, no se da cambio); el billete sirve como comprobante de pago.

Billetes

Los billetes de papel para el transporte público se compran en las máquinas de las estaciones de metro o al conductor del autobús.

Las tarjetas EZ-Link (10 SG$, incl. un depósito no reembolsable de 5 SG$) se venden en mostradores de atención al cliente de estaciones del MRT y en tiendas 7-Eleven; se pueden recargar con efectivo o tarjeta en las máquinas de las estaciones.

Los abonos Singapore Tourist Pass (desde 22 SG$, incl. un depósito reembolsable de 10 SG$) están disponibles en los puestos automatizados del aeropuerto de Changi y de la estación Orchard del MRT, y en las taquillas de SimplyGo en algunas estaciones de metro.

Normas básicas

La eficiencia del transporte público se debe en gran parte al respeto mutuo entre los viajeros.

Para preservar la armonía, hay que ir por la izquierda en las estaciones (sobre todo en pasillos rodantes, escaleras mecánicas y ascensores), hacer cola en los puntos designados de los andenes, dejar bajar a los pasajeros antes de subir, no dar empujones y avanzar hacia el centro del vagón para no bloquear las puertas.

PRECIOS

Singapore Tourist Pass de 1/2/3 días
22/29/34 SG$, incluido un depósito reembolsable de 10 SG$

Trayecto en el monorraíl Sentosa Express
4 SG$

Alquiler de bicicleta compartida
Desde 1 SG$/30 min

MULTAS EN EL MRT

Se sanciona comer o beber a bordo, intentar subir a un tren lleno, llevar bolsas de gran tamaño, viajar ebrio o permanecer dentro más de 2 h.

Otra cara de Singapur

Singapur depara maravillas inesperadas a quienes la exploran a fondo, incluidos vestigios del pasado, encuentros con la fauna y tesoros ocultos.

Animales juguetones

Las nutrias, mamíferos de lustroso pelaje –principalmente de la especie nutria lisa–, se han adaptado bien al entorno urbano y proliferan en las vías acuáticas y áreas verdes de la ciudad. Los mejores lugares para avistar alguna de las 17 familias de nutrias que habitan actualmente en Singapur son **Marina Bay** (p. 35), los **Jardines de la Bahía** (p. 38) y el **río Singapur** (p. 53).

Mirillas secretas

Al deambular entre los tradicionales edificios de **Chinatown** (p. 127), basta levantar la vista para descubrir un primitivo sistema de vigilancia: una pequeña sección del suelo de la 2ª planta se diseñó para que los residentes pudieran extraerla y observar a hurtadillas quién llamaba a su puerta en el concurrido pórtico con arcadas de abajo.

Explosión de colores

Lee Kuan Yew, padre de la patria y "jardinero jefe", impulsó la transformación económica y urbana de Singapur preservando su vegetación. En el marco del programa Garden City iniciado en 1967, se adornaron puentes peatonales con buganvillas para crear jardines colgantes por toda la ciudad; en **New Bridge Road** se pueden admirar algunos.

Tufo o fragancia

A veces, el olfato es mejor consejero que la vista; en Singapur a menudo se percibe el fortísimo olor dulce del **durián** (p. 156) o "rey de los frutos asiáticos". Hay numerosas señales que prohíben comerlo en medios de transporte público, hoteles y centros comerciales; para descubrir su aroma (o hedor) y su sabor, se puede ir a los mercados de Chinatown o al barrio *gourmet* de **Geylang** (p. 158).

FUERA DE RUTA

Darse un baño en las aguas termales del **Sembawang Hot Spring Park** (p. 170).

Evocar el humilde pasado de Singapur en **Lorong Buangkok** (p. 170), último *kampong* que sobrevive en la isla.

Ir a **Haw Par Villa** (p. 110), parque temático dedicado a la mitología china conocido por sus vistosos dioramas y el **Museo del Infierno.**

Ver el último horno dragón de Singapur en **Thow Kwang Pottery Jungle** (p. 113) y comprar alguna pieza de cerámica.

Nutria, Jardines de la Bahía (p. 38).

Durianes (p. 156).

Explora Singapur

Circuitos a pie

Puente en celosía de Bukit Timah (p. 168), Rail Corridor.

DEREKTEO/SHUTTERSTOCK ©

Sugerencias de lugares para comer, beber y comprar en **p. 56**

Explora
Distrito Colonial, Quays y Marina Bay

El antiguo enclave de la administración británica, centro neurálgico de Singapur, alberga edificios de la época colonial, ejemplos de arquitectura moderna, museos y parques superlativos y un circuito donde se disputa una carrera nocturna de Fórmula 1. El área futurista de Marina Bay atestigua el progreso de la ciudad-Estado y simboliza su poder económico.

El río Singapur serpentea por el distrito conectando los históricos Quays, muelles donde la actividad portuaria ha dado paso a una animada vida nocturna en restaurantes, clubes y bares. La mayoría de los visitantes se alojan aquí para embarcarse en un viaje por el pasado y el presente de Singapur.

Cómo desplazarse

A pie

Hay estaciones de metro (MRT) cerca de todas las atracciones del centro, que se explora mejor a pie. Un buen punto de partida es la estación de intercambio City Hall, conectada al complejo Esplanada por centros comerciales subterráneos.

MRT

La línea Downtown permite llegar rápidamente a los Jardines de la Bahía (estación Bayfront) y Fort Canning (estación Fort Canning), y la estación Clarke Quay de la línea North-East da acceso a los Quays.

Cúpula de las Flores, Jardines de la Bahía (p. 38).
CHARLIETONG/GETTY IMAGES ©

★

LO MEJOR

PROYECTO MAJESTUOSO
Jardines de la Bahía (p. 38)

MUSEO DE HISTORIA
Museo de las Civilizaciones Asiáticas (p. 40)

ÁREA SIMBÓLICA
Marina Bay Sands (p. 44)

ARTE IMPRESIONANTE
Galería Nacional de Singapur (p. 47)

EDIFICIO EMBLEMÁTICO
Raffles Hotel (p. 45)

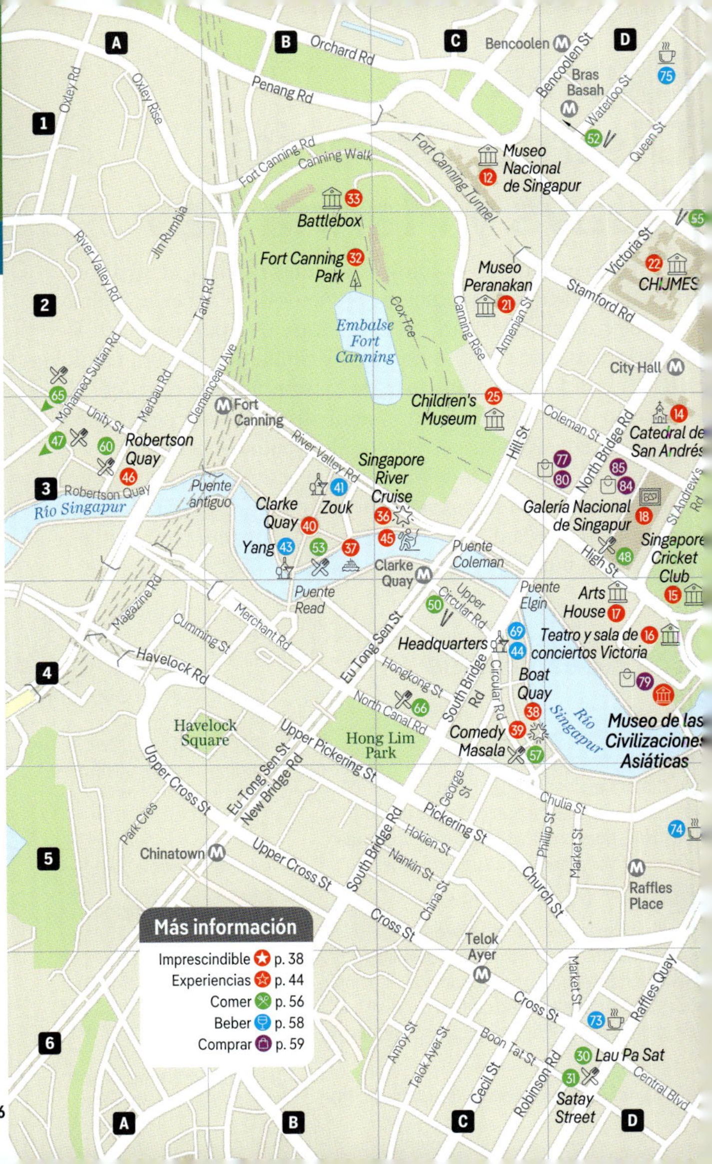
A
B
C
D
1
2
3
4
5
6
Orchard Rd
Bencoolen
Bencoolen St
Bras Basah
Waterloo St
Queen St
Oxley Rd
Oxley Rise
Penang Rd
Fort Canning Rd
Canning Walk
Fort Canning Tunnel
Museo Nacional de Singapur
Battlebox
Fort Canning Park
Embalse Fort Canning
Cox Tce
Museo Peranakan
Canning Rise
Armenian St
Victoria St
CHIJMES
Stamford Rd
City Hall
River Valley Rd
Jln Rumbia
Tank Rd
Mohamed Sultan Rd
Merbau Rd
Unity St
Clemenceau Ave
Fort Canning
Children's Museum
Coleman St
North Bridge Rd
Catedral de San Andrés
Robertson Quay
Robertson Quay
Río Singapur
Puente antiguo
Clarke Quay
Zouk
Singapore River Cruise
Hill St
Galería Nacional de Singapur
St Andrew's Rd
Singapore Cricket Club
High St
Yang
Puente Coleman
Clarke Quay
Puente Read
Magazine Rd
Cumming St
Merchant Rd
Upper Circular Rd
Puente Elgin
Arts House
Teatro y sala de conciertos Victoria
Havelock Rd
Eu Tong Sen St
Headquarters
Hongkong St
South Bridge Rd
Circular Rd
Boat Quay
North Canal Rd
Río Singapur
Museo de las Civilizaciones Asiáticas
Havelock Square
Upper Pickering St
Hong Lim Park
Comedy Masala
Upper Cross St
Eu Tong Sen St
New Bridge Rd
George St
Chulia St
Pickering St
Park Cres
Chinatown
Upper Cross St
South Bridge Rd
Hokien St
Nankin St
Phillip St
Market St
Church St
Raffles Place
China St
Cross St
Telok Ayer
Cross St
Market St
Raffles Quay
Amoy St
Telok Ayer St
Boon Tat St
Cecil St
Robinson Rd
Lau Pa Sat
Satay Street
Central Blvd
Más información
Imprescindible p. 38
Experiencias p. 44
Comer p. 56
Beber p. 58
Comprar p. 59

E
F
G
H
1
2
3
4
5
6
0
500 m
Biblioteca Nacional de Singapur
34
Cape of Good Hope
35
Victoria St
North Bridge Rd
Middle Rd
Purvis St
Cashin St
Seah St
Rochor Rd
Beach Rd
70
23
Museo de juguetes MINT
64
Long Bar
78
83
11
Raffles Hotel
10
71
76
Bras Basah Rd
Suntec City
26
Fuente de la Riqueza
27
82
58
Nicoll Hwy
81
Raffles City
54
Esplanade
19
Singapore DUCKtours
Temasek Ave
Temasek Blvd
Promenade
Civil War Memorial Park
Stamford Rd
City Link Mall
Republic Blvd
Marina Promenade
62
Raffles Blvd
Raffles Link
Rochor Rd
Padang
13
61
49
72
East Coast Pkwy (ECP)
Singapore Flyer
28
Connaught Dr
Esplanade Dr
20
Raffles Ave
Esplanada - Teatros de la Bahía
Esplanade Park
Embarcadero Esplanade
NS Square
Puente Esplanade
Helix Bridge
Merlion Park
5
Merlion
ArtScience Museum
4
6
One Fullerton
Collyer Quay
Fullerton Rd
Marina Bay
51
68
Fullerton Bay Hotel
Cúpula de las Flores
Marina Bay Sands
8
7
Clifford Pier
Bayfront Ave
2
Plataforma de observación
56
Spectra
3
1
9
Lantern
Jardines de la Bahía
24
Marquee
42
Marina Bay Sands Hotel
Bayfront
63
59
Superárboles
Marina View
Marina Blvd
Sheares Ave
67
Straits View
29

★ IMPRESCINDIBLE

Jardines de la Bahía

He aquí el jardín botánico del futuro, lugar de fantasía con biocúpulas de la era espacial, superárboles de alta tecnología y esculturas caprichosas. Este oasis visionario, que abarca 101 Ha de tierras ganadas al mar, constituye un triunfo de la planificación urbana que encandila a los amantes de la arquitectura y la naturaleza.

PLANO: P. 36 **H5**

CONSEJO
Es mejor ir al atardecer, cuando el calor da tregua y los superárboles se tiñen de color durante el espectáculo de luz y sonido Garden Rhapsody que tiene lugar cada noche.

Escanea este código QR para horarios y reservar las entradas.

Invernaderos

Los invernaderos asimétricos, con 217 000 plantas de 800 especies, se yerguen cual gigantescas conchas de nautilos de papel junto a Marina Bay. La **Cúpula de las Flores** figura en el *Libro Guinness de los Récords* como el mayor invernadero de cristal del mundo con un área equivalente a 75 piscinas olímpicas; la megaestructura replica el seco clima mediterráneo con una temperatura constante de 23-25 °C. Se realizan circuitos gratis el fin de semana de 14.00 a 17.00.

El **Bosque Nuboso,** que recrea el clima montano tropical a 1500-3000 m de altitud, alberga una de las cascadas interiores más altas del globo y una montaña con plantas de todo el planeta. Uno puede dejarse salpicar por el agua que cae 35 m, recorrer el suspendido **paseo de las nubes** y observar carnívoras venus atrapamoscas, helechos de aceite azul *(Microsorum Thailandicum)* y musgos.

Superárboles

Las ramas biónicas de los superárboles apuntan al cielo formando un dosel propio de un universo de ciencia ficción. Adornados con 162 900 plantas de más de 200 especies, estos colosos de hormigón revestidos de acero hacen las veces de jardines verticales; además, siete de los 18 generan

ORIGI/SHUTTERSTOCK ©

la energía solar usada para iluminar y enfriar los invernaderos.

Es gratis pasear en torno a los superárboles y asistir al espectáculo de luz y sonido **Garden Rhapsody** (foto) de cada noche (19.45 y 20.45). El **Observatorio del Superárbol,** sobre la estructura más alta, permite admirar el paisaje urbano y cuenta con un espacio donde se proyecta una muestra digital sobre el cambio climático. Para disfrutar de más vistas espléndidas, se puede cruzar la pasarela **OCBC Skyway** que conecta seis superárboles a 22 m de altura.

Esculturas internacionales

Hay más de 200 estatuas diseminadas por las áreas interiores y exteriores. La más llamativa es la monumental *Planet* (2008) de Marc Quinn: la inmensa figura de bronce representa a un bebé dormido que parece flotar; para esta obra de 7 toneladas, el artista usó a su hijo como modelo.

UNA PAUSA
La Cúpula de las Flores alberga **Marguerite,** restaurante con estrella Michelin. Más económica es el área de restauración al aire libre **Satay by the Bay.**

★ IMPRESCINDIBLE

Museo de las Civilizaciones Asiáticas

Este museo etnográfico y galería de arte a orillas del río Singapur repasa la historia de diferentes pueblos y culturas de Asia. Su cuidadísimo espacio expositivo repartido en tres plantas acoge la colección más completa de joyas panasiáticas en el sureste asiático.

PLANO: P. 36 **D4**

CONSEJO
Por la mañana hay menos visitantes. Quien entre por el acceso del río debería salir por las puertas del vestíbulo principal para ver la imponente fachada.

Escanea este código QR para explorar el museo con el anfitrión virtual Allie.

Ruta de la Seda

La 1ª planta ahonda en las rutas comerciales marítimas de Asia, que sirvieron para difundir ideas, gustos y mercancías. Se empieza por la colección del **pecio de Belitung,** procedente de un buque que se hundió en el s. IX con cuantiosos tesoros –incluidas más de 60 000 piezas de cerámica de la dinastía Tang– frente a esta isla próxima a Sumatra; el cargamento aporta datos históricos sobre el comercio regional.

Destaca la colección de porcelana de la galería **Comercio Marítimo,** que ilustra la historia de las regiones en que se produjo. De la era de la dinastía Tang también hay un elaborado juego de té fabricado con plata en China, uno de los pocos en su caja original. Numerosas obras de arte reflejan la demanda global y las preferencias cambiantes poniendo de manifiesto el anhelo de poseer objetos únicos de tierras lejanas y el surgimiento de nuevas creaciones artísticas a raíz de una fusión de influencias.

Fes y creencias

La 2ª planta revela los orígenes, la propagación y la evolución de las fes en Asia. La galería **Ancestros y Rituales** examina las creencias de las sociedades tradicionales del sureste asiático,

MILOSK50/SHUTTERSTOCK ©

mientras que la galería **Religiones Antiguas** analiza la difusión del budismo, el hinduismo y el jainismo a través de las rutas comerciales de la India a China. Finalmente, las galerías **Arte Cristiano, Arte Islámico** y **Eruditos** contienen artefactos que muestran las profundas influencias religiosas y académicas que han forjado las civilizaciones asiáticas.

Materiales y diseño

La 3ª planta se dedica a las artes decorativas homenajeando la estética y artesanía asiáticas. Muestra los significados y usos de los adornos corporales en la galería **Joyas,** así como la historia de la industria textil en la galería **Moda y Tejidos** (cuyas exhibiciones cambian periódicamente). La colección de la galería **Cerámica** impresiona sobremanera: no hay que perderse la tetera con forma de raíz de jengibre que imita un trozo de esta planta al brotar del suelo.

UNA PAUSA
Con vistas al río Singapur junto a uno de los accesos, **Privé ACM** es ideal para reponer fuerzas con una dosis de cafeína o un bocado ligero.

CIRCUITO A PIE

Paseo por el Distrito Colonial

Rebosante de historia y cultura, el Distrito Colonial fascina con su mezcla de lugares emblemáticos. El viajero puede pasear por calles embellecidas con maravillas arquitectónicas, explorar excepcionales museos y galerías y bordear las márgenes del río para ser testigo de la evolución de la ciudad.

INICIO	FINAL	DURACIÓN
Raffles Hotel	Galería Nacional de Singapur	2,4 km; 2½ h

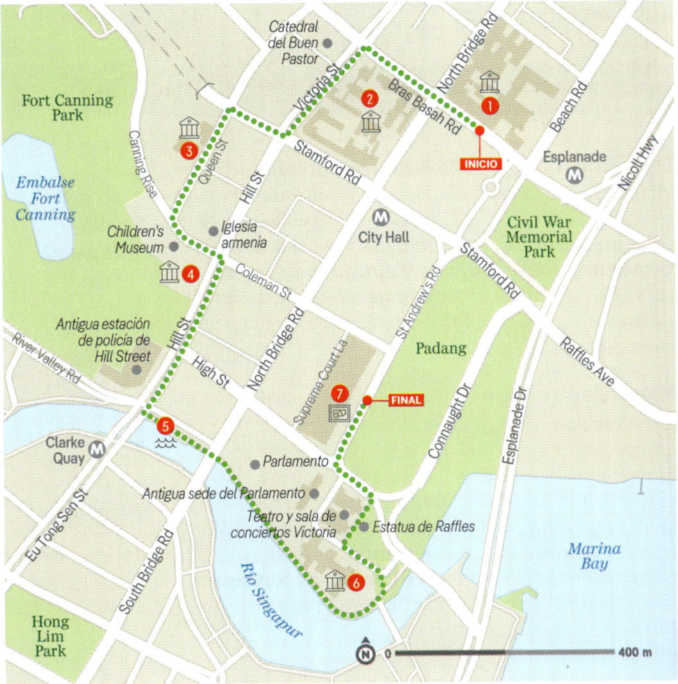

1 Elegancia atemporal

Tras admirar la fachada del **Raffles Hotel** desde el acceso para vehículos flanqueado por palmeras en Beach Rd, se puede deambular por el jardín tropical y la galería comercial del hotel antes de salir a North Bridge Rd.

2 Celebraciones sagradas y profanas

Se va a la izquierda por Bras Basah Rd para llegar a **CHIJMES,** antiguo convento transformado en centro de entretenimiento; la capilla gótica, donde se rodó una escena de la película *Crazy Rich Asians* (2018), se ha vuelto popular como salón de fiestas. Enfrente se alza la **catedral del Buen Pastor.**

3 Perfección peranakan

Se continúa al sur por Victoria St hasta cruzar Stamford Rd. Al norte, se gira a la izquierda por la peatonal Armenian St, con varios museos, incluido el **Museo Peranakan.** Al final de la calle, girar a la izquierda por Coleman St y, luego, a la derecha por Hill St dejando atrás el **Children's Museum** y la **iglesia Armenia,** el templo cristiano más antiguo de la ciudad.

4 Fachadas pintorescas

Hill St presume de dos joyas de la arquitectura: la fachada de ladrillo roja y blanca de la estación central de bomberos, que acoge la **Civil Defence Heritage Gallery,** y un poco más al sur, la **antigua estación de policía de Hill Street,** de estilo neorrenacentista y con coloridas contraventanas.

5 Paseo ribereño

Hacia la izquierda se puede reseguir la orilla norte del río Singapur, un buen **punto de observación** para contemplar los rascacielos del distrito financiero que contrastan con los tradicionales edificios de uso comercial y residencial tocantes al agua; de camino se pasa ante el **Parlamento** y la **estatua de Raffles.**

6 Arquitectura sublime

Vale la pena fijarse en el diseño del neopalladiano **Museo de las Civilizaciones Asiáticas,** en el icónico **teatro y sala de conciertos Victoria** –una de las primeras construcciones neovictorianas de Singapur–, y en la **antigua sede del Parlamento,** el edificio gubernamental más antiguo que permanece en pie.

7 Arte magnífico y vistas insuperables

Siguiendo al norte por St Andrew's Rd se alcanzan las antiguas sedes del Ayuntamiento y el Tribunal Supremo, edificios que ahora acogen la **Galería Nacional de Singapur;** desde la 6ª planta se goza de vistas panorámicas.

EXPERIENCIAS

Maravillarse ante un complejo vanguardista

OCIO

PLANO: 1 P. 36 **F5**

Desde su inauguración en el 2010, **Marina Bay Sands** es un símbolo de Singapur que se yergue en la orilla sur de la bahía ante un oasis verde. Diseñado por el arquitecto nacido en Israel Moshe Safdie, incluye un hotel, un casino, un teatro, una sala de exposiciones, un centro comercial y un museo.

El núcleo es el **Marina Bay Sands Hotel,** formado por tres torres de 55 pisos que se asemejan a naipes en posición vertical; sobre ellas descansa el SkyPark de 1,2 Ha con su célebre piscina infinita. La piscina es de uso exclusivo para los huéspedes, pero la **plataforma de observación** (PLANO: 2 P. 36 **G5**) está abierta al público (adultos/niños 32/28 SG$) y brinda vistas brutales; se puede disfrutar del mismo panorama copa en mano en el bar-restaurante de azotea **CÉ LA VI** (p. 58).

Cada noche (20.00 y 21.00, también 22.00 vi-sa) tiene lugar el espectáculo gratuito de luz y agua **Spectra** (PLANO: 3 P. 36 **F5**), que dura 15 min y consiste en fuentes danzantes, proyecciones y láseres con música de orquesta.

Entrever el futuro

MUSEO

PLANO: 4 P. 36 **G4**

Es imposible pasar por alto el **ArtScience Museum;** situado frente a Marina Bay, recuerda una colosal flor de loto sobre un estanque; sus 10 pétalos lucen claraboyas para inundar el interior de luz natural.

Con 21 galerías en tres niveles que cubren 4600 m², el museo acoge exposiciones que amplían los horizontes de la ciencia y la tecnología; hay desde muestras sobre fauna abisal hasta retrospectivas centradas en diseñadores industriales de fama mundial.

No hay que olvidar visitar la exhibición permanente **'Future World: Where Art Meets Science'** presentada por teamLab, reputado colectivo de arte digital japonés.

Fotografiar la mítica mascota del país

ESTATUA

PLANO: 5 P. 36 **E4**

En la década de 1960, las mentes creativas del consorcio de turismo inventaron un relato cautivador que dio lugar a la personificación nacional: el **Merlión.** Se trata de una estatua de 8,6 m de altura que escupe agua en Marina Bay; su cuerpo pisciforme simboliza los orígenes de Singapur como aldea pesquera y su cabeza leonina alude al nombre original de la urbe, Singapura (en sánscrito, "ciudad de los leones").

El Merlión, que atrae a innumerables turistas encantados

de sacarle fotos, hace guardia en la desembocadura del río Singapur mirando a levante, orientación que, según el *feng shui*, trae prosperidad.

Ver el puerto de entrada original LUGAR EMBLEMÁTICO

Al recorrer el paseo marítimo que se asoma a Marina Bay, uno descubrirá el lado pomposo de la ciudad en **One Fullerton** (PLANO: 6 P. 36 **E5**), con elegantes bares y restaurantes. Más adelante se halla el **Clifford Pier** (PLANO: 7 P. 36 **E5**), punto de desembarco original de migrantes y marinos: el muelle se veía fácilmente gracias a los fanales rojos con lámparas de aceite que emitían luz por la noche como advertencia para las embarcaciones; de hecho, los lugareños acabaron llamándolo *ang theng* ("muelle de lámparas rojas" en lengua hokkien).

El exterior permanece casi igual, pero el interior se ha convertido en un restaurante sofisticado que forma parte del **Fullerton Bay Hotel** (PLANO: 8 P. 36 **E5**), cuyo famoso bar de azotea **Lantern** (PLANO: 9 P. 36 **E5**) también rinde homenaje a la historia del muelle.

Viajar a través del tiempo OCIO

PLANO: 10 P. 36 **E2**

Aunque el opulento vestíbulo del alojamiento más emblemático de Singapur está reservado a huéspedes y clientes del restaurante, el **Raffles Hotel** merece una visita por la fachada de color marfil y el jardín tropical. Abrió sus puertas en 1887 como modesto bungaló de 10 habitaciones frente a una playa desaparecida hace mucho debido a las tierras ganadas al mar. Su fundación fue idea de los hermanos Sarkies, inmigrantes armenios que también abrieron otros hoteles de la época colonial como el Strand de Rangún y el Eastern & Oriental de Penang.

El Raffles, que enseguida se identificó con el lujo oriental, ha mantenido su reputación como uno de los mejores hoteles de

SIR STAMFORD RAFFLES

Thomas Stamford Raffles fundó Singapur como base comercial de la Compañía Británica de las Indias Orientales en 1819 reconociendo su importancia en las rutas marítimas del imperio. Raffles alcanzó un acuerdo con el primogénito del difunto sultán de Johor, Hussein, cuyo hermano menor había frustrado su acceso al poder. El tratado firmado con el *temenggong* (jefe de seguridad pública) de Johor reforzó la reclamación territorial de Raffles, quien tuvo la visión de transformar Singapur en un centro de actividad mercantil entre diversas comunidades aun con políticas racistas y de expansión colonial. Pese a que Raffles se marchó en 1823, su influencia perduró: Raffles Pl, Stamford Rd y el Raffles Hotel atestiguan el legado de este personaje.

postín del mundo gracias a múltiples renovaciones. No está de más curiosear por las *boutiques* de la galería comercial y pedir un cóctel Singapore Sling en el **Long Bar** (PLANO: 11 P. 36 **E2**).

Descubrir la tradición del 'high tea' 'HIGH TEA'

Una larga y pausada sesión de *high tea* es un pequeño placer, un remedio civilizado al ritmo frenético y las altas temperaturas de Singapur, pues permite reponer fuerzas a media tarde.

La mayoría de los hoteles de lujo ofrecen *high tea,* pero la propuesta varía; si uno elige el sitio correcto, disfrutará de un almuerzo tardío en el que las humeantes teteras con delicadas infusiones (o las copas de champán) se acompañan de un festín dulce y salado.

El refinado *high tea* del Raffles Hotel es tan fastuoso como el restaurante en que se sirve, The Grand Lobby. Quien siga una alimentación especial puede optar por The Landing Point, suntuoso bar del ribereño Fullerton Bay Hotel.

El *high tea* es muy popular y se debe reservar con antelación (una o dos semanas en días laborables y al menos un mes en fin de semana).

Ahondar en el pasado de Singapur MUSEO

PLANO: 12 P. 36 **C1**

Tras el exterior decimonónico del **Museo Nacional de Singapur** (1887) se esconde una institución moderna que usa avanzado material multimedia para narrar la breve pero intensa historia de Singapur en un viaje íntimo que abarca la ancestral realeza malaya, la ocupación en tiempos de guerra, la consolidación nacional, la gastronomía y la moda. No hay que perderse la mágica exposición *Story of the Forest* en la **Rotonda de Cristal** de 16 m de altura.

El museo ofrece circuitos guiados gratis de 1 h por la **Galería de Historia** (11.00 y 14.00, también 15.00 sa-do).

Familiarizarse con un legado histórico ARQUITECTURA

PLANO: 13 P. 36 **E3**

Padang, explanada verde en pleno centro, tiene una profunda relevancia histórica: durante la II Guerra Mundial, vio el internamiento de la comunidad europea por parte de los invasores nipones antes de su larga marcha a la prisión de Changi; irónicamente, también fue el escenario del desfile de la victoria tras la rendición de Japón.

A su alrededor hay monumentos del período colonial como la **catedral de San Andrés** (PLANO: 14 P. 36 **D3**), iglesia anglicana de estilo neogótico construida por convictos indios y financiada por comerciantes escoceses, y la Galería Nacional de Singapur, emplazada en las antiguas sedes del Ayuntamiento y el Tribunal Supremo.

Hacia el extremo sur se alzan el **Singapore Cricket Club** (PLANO: 15 P. 36 **D4**), club social y deportivo fundado en 1852, y el regio **teatro y sala de conciertos Victoria** (PLANO: 16 P. 36 **D4**), una de las primeras construcciones neovictorianas de Singapur.

Al lado se yergue **Arts House** (PLANO: 17 P. 36 **D4**), el edificio gubernamental más antiguo de la ciudad, que fue sede del Parlamento y ahora acoge un centro artístico.

Admirar obras maestras

GALERÍA DE ARTE

PLANO: 18 P. 36 **D3**

Unidas por una asombrosa estructura de aluminio y vidrio, las antiguas sedes del Ayuntamiento y el Tribunal Supremo acogen hoy la **Galería Nacional de Singapur.** Su estupenda colección de arte del sureste asiático (del s. XIX a la actualidad) se divide en dos espacios: **DBS Singapore Gallery** y **UOB Southeast Asia Gallery.** El primero proporciona una visión exhaustiva del arte singapurense, mientras que el segundo se centra en todo el sureste asiático.

La **Singtel Special Exhibition Gallery** se destina a exposiciones temporales, incluidas importantes colaboraciones con algunos de los museos de arte más destacados del mundo. A los jóvenes con apetito cultural les gustará el **Keppel Centre for Art Education,** espacio infantil que ofrece innovadoras experiencias artísticas multisensoriales.

También hay buenos restaurantes y una tienda de regalos con piezas de diseño encargadas expresamente. La azotea de la 6ª planta brinda unas vistas que dejan boquiabierto; por eso reciben tantas reservas al atardecer en la coctelería **Smoke & Mirrors** (p. 58).

Entre tierra firme y el agua

CIRCUITO EN BARCO

PLANO: 19 P. 36 **F2**

El viajero puede embarcarse en el estrafalario *Wacky Duck* de **Singapore DUCKtours** para vivir una aventura de 1 h en un remodelado

SINGAPORE SLING

El barman Ngiam Tong Boon creó el cóctel Singapore Sling en el Long Bar del Raffles Hotel en 1915. En aquella época, se consideraba inapropiado que las mujeres consumieran alcohol en público, por lo que solían pedir zumo o té. Ngiam ideó una bebida alcohólica con disimulado aspecto de zumo: se trata de un combinado a base de ginebra con zumo de piña y lima, curasao, benedictino, jarabe de granadina y licor de cereza. Coincidiendo con las reformas del hotel en el 2019, el cóctel también se modernizó y ahora se prepara con ginebra Widges y granadina de la casa. Un Singapore Sling del Long Bar cuesta 39 SG$.

vehículo anfibio de la II Guerra Mundial que avanza por tierra y agua en Marina Bay y el Distrito Colonial. Los circuitos, que parten cada hora de 10.00 a 18.00 desde Suntec City, son informativos, divertidos y alocados, sobre todo cuando el vehículo se aventura por la bahía.

Asistir a espectáculos junto al agua CENTRO ARTÍSTICO

PLANO: 20 P. 36 E3

En la ribera norte de Marina Bay, **Esplanada - Teatros de la Bahía** se compone de una sala de conciertos con aforo para 1800 personas, un teatro con 1940 butacas y un escenario al aire libre. Organiza eventos –muchos gratuitos– como muestras artísticas, proyecciones de películas independientes y actuaciones musicales; se pueden comprar las entradas en esplanade.com o la taquilla.

Cuando se desveló el complejo en el 2002, los críticos afirmaron que las púas de aluminio adheridas a las dos estructuras abovedadas de vidrio las hacían parecer durianes; sin embargo, los ingeniosos pinchos se diseñaron para dejar pasar la luz aislando el espacio del calor tropical.

Visitar el Museo Peranakan MUSEO

PLANO: 21 P. 36 C2

Resulta interesante conocer la rica herencia y vibrante cultura del pueblo peranakan, surgido de la unión entre personas oriundas de China y Malasia o Indonesia. En Singapur, muchos peranakan descienden de mercaderes chinos que contrajeron matrimonio con mujeres malayas.

Emplazado en un clásico bungaló de las colonias del Estrecho, el **Museo Peranakan** posee una colección única que se reparte en las 10 galerías de sus tres plantas. Diversos aspectos de esta híbrida comunidad del sureste asiático cobran vida a través de exposiciones interactivas y multimedia; cabe citar la muestra sobre la tradicional boda de 12 días en que se exhiben elaborados atuendos que se visten en la ceremonia, lechos nupciales bellamente labrados e inusuales vajillas de porcelana.

Fuera, se recomienda pasear por Armenian St y fijarse en las plantas a ambos lados, elegidas para representar la cultura peranakan de acuerdo con su uso en recetas –como curris y postres– y su valor simbólico.

Transcurrir una velada en CHIJMES CENTRO DE ENTRETENIMIENTO

PLANO: 22 P. 36 D2

Quien opine que el Raffles Hotel es demasiado pretencioso puede optar por **CHIJMES,** complejo histórico al otro lado de la calle que alberga bares atestados y restaurantes exclusivos.

Uno puede vagar por sus patios con fuentes y examinar el intrincado diseño de las escaleras metálicas y vidrieras. La construcción, de mediados del s. XIX, fue originalmente un colegio religioso establecido por las Hermanas del Niño Jesús (CHIJ), una congregación de monjas católicas francesas; el arquitecto irlandés George Coleman, autor del proyecto, combinó varios estilos arquitectónicos, desde el neogótico anglofrancés hasta el neoclásico.

CHIJMES es un juego de palabras que alude al nombre de aquel primer convento. La capilla gótica se emplea como salón de bodas y otras fiestas, mientras que el resto de edificios acogen restaurantes y bares de música en directo; destacan **Simply Jazz by Tin Box** y **Whitegrass** (p. 56), cuyo chef ha sido galardonado con una estrella Michelin por el toque japonés que aporta a la cocina clásica francesa.

Volver a la infancia — MUSEO

PLANO: 23 P. 36 E1

Aunque el **MINT** es un museo de juguetes, se orienta más a adultos que a críos; de hecho, el acrónimo significa "momento de imaginación y nostalgia con juguetes". El edificio de cuatro plantas, inaugurado en el 2007, acoge la colección personal de Chang Yang Fa formada por más de 50 000 objetos, 8000 de ellos expuestos.

Los artículos, que proceden de 40 países y se remontan a la década de 1840, abarcan desde raros cómics de *Flash Gordon* hasta muñecos de Mickey Mouse originales; además, la colección permanente incluye dos galerías dedicadas a carteles esmaltados *vintage*. Hay visitas guiadas gratis cada miércoles (10.30 o 15.30) y una tiendecilla de regalos que vende réplicas de juguetes de hojalata y juegos antiguos.

LO MEJOR PARA NIÑOS

ArtScience Museum

véase PLANO: 4 P. 36 G4

Este puntero museo interactivo impresiona a niños y adolescentes con sus exhibiciones digitales y muestras futuristas.

Singapore DUCKTours

véase PLANO: 19 P. 36 F2

Propone un divertido y didáctico circuito por Marina Bay a bordo de un colorido y remodelado vehículo anfibio de la II Guerra Mundial.

Far East Organization Children's Garden

PLANO: 24 P. 36 H5

Los peques lo pasan genial en las áreas de juego con agua de los Jardines de la Bahía.

Llevar a los peques al Children's Museum — MUSEO

PLANO: 25 P. 36 C3

El **Children's Museum,** abierto a finales del 2022, es el primer museo de Singapur centrado en los menores de 12 años. Todo visitante debería asistir a **'The Hidden**

Chamber', espectáculo teatral inmersivo en que el Capitán saca a la luz sus tesoros secretos y cuenta anécdotas sobre sus orígenes. Los niños de entre 2 y 4 años se divierten en el área de juego libre **Play Pod,** mientras los de más edad exploran el espacio **Maze of Amazement.**

Se recomienda reservar las entradas con antelación porque podrían agotarse (nhb.gov.sg/childrensmuseum). Las visitas, distribuidas en turnos, duran 1¾ h; se exige puntualidad, pues se denegará el acceso a quien llegue más de 10 min tarde.

Trazar el círculo de la prosperidad FUENTE

PLANO: 26 P. 36 **F2**

Las influencias del *feng shui* se aprecian en numerosos edificios de Singapur, incluido el mastodóntico **Suntec City.** Sus cinco torres de oficinas simbolizan los dedos de la mano izquierda, incluida una achaparrada a modo de pulgar; en esta 'mano' se encuentra la **Fuente de la Riqueza** (PLANO: 27 P. 36 **F2**), listada en el *Libro Guinness de los Récords* de 1998 como fuente más grande del mundo.

Su diseño, consistente en un anillo de bronce sostenido por cuatro patas del mismo material, se inspira en el mandala hindú como representación de la armonía entre razas y religiones.

Existe la creencia de que uno absorberá la energía *qi* positiva que emana de la fuente si la rodea tres veces en sentido horario alargando la mano derecha sobre el agua.

El área de la fuente está abierta cada día de 10.00 a 12.00, de 14.00 a 16.00 y de 18.00 a 19.30.

Observar la ciudad a vista de pájaro NORIA

PLANO: 28 P. 36 **H3**

La vuelta de 30 min en la **Singapore Flyer,** noria que alcanza 165 m de altura, ofrece unas vistas impagables de la isla desde Marina Promenade. En días despejados, el panorama se extiende desde los rascacielos del este hasta los muelles de carga del oeste; incluso se divisa Indonesia más allá del denso tráfico marítimo del estrecho de Singapur.

Contemplar el ocaso PARQUE

PLANO: 29 P. 36 **H6**

Marina Barrage, ejemplo del ingenio singapurense, es una presa para prevenir inundaciones en el canal de Marina y un precioso parque con vistas panorámicas.

La **Galería Sostenible de Singapur** (9.00-12.00 y 13.00-18.00 mi-lu) contiene fascinantes fotografías y grabaciones de archivo del río Singapur anteriores a su transformación radical, así como una sensacional maqueta del dique que ilustra su funcionamiento.

El "techo verde" de Marina Barrage es un popular punto de encuentro para familias, parejitas y aficionados a los cometas; esta curvilínea franja de césped regala vistas memorables de la ciudad y su estrecho, especialmente durante la puesta de sol.

Darse un banquete en la calle

ÁREA DE RESTAURACIÓN

Lau Pa Sat (PLANO: 30 P. 36 **D6**) significa "mercado antiguo" en lengua hokkien, nombre apropiado porque esta estructura de hierro llegada desde Glasgow en 1894 permanece intacta. El edificio constituye un hito arquitectónico gracias a su planta octogonal, sus filigranas de hierro forjado y su torre del reloj (que suena cada hora). Se trata de un lugar muy frecuentado por quienes trabajan en el distrito financiero, que se agolpan aquí para atiborrarse de clásicos como fideos con bolas de pescado y pollo con arroz.

Al caer la tarde, la calle de enfrente (Boon Tat St) se cierra al tráfico y se convierte en un espacio invadido de mesas y puestecitos de *satay* (brochetas) que se conoce como **Satay Street** (PLANO: 31 P. 36 **D6**); se aconseja pedir varias raciones –las mejores son las de los puestos 6, 7 y 8–, unos cuantos pasteles de arroz empapados de salsa *gravy* y una jarra de cerveza Tiger para ponerse las botas pagando poco.

Imaginar la vida de la realeza

PARQUE

PLANO: 32 P. 36 **B2**

La visita al **Fort Canning Park** permite hacerse una idea de la Singapur precolonial. La colina homónima estuvo ocupada por un complejo palaciego del reino malayo que gobernó la isla en el s. XIV; aquí, las princesas se bañaban en un manantial y los artesanos ejercían sus oficios por encargo de la familia real.

Cuando los británicos se apoderaron de Singapur, Raffles mandó construir su residencia en este lugar y estableció un primer jardín botánico para estimular la agricultura.

Este legado se refleja en los nueve jardines históricos que se

LEE KUAN YEW

El éxito actual de Singapur se atribuye a Lee Kuan Yew, visionario estadista y padre de la patria moderna que ejerció como primer ministro de 1959 a 1990 y cuyo liderazgo fue decisivo para que Singapur superara las dificultades del período poscolonial y se convirtiera en una nación competitiva. Su legado quedó marcado por el pragmatismo, la incorruptibilidad y la visión de futuro al priorizar el desarrollo económico, la educación y la estabilidad social. El firme gobierno meritocrático de Lee Kuan Yew contribuyó al rápido progreso del país. Cuando falleció en el 2015, nada menos que 447 000 personas presentaron sus respetos en el Parlamento y 100 000 más salieron a la calle para el cortejo fúnebre.

inauguraron en el 2019 en torno al embalse; suscita especial interés el **Jardín de los Artesanos,** una de las últimas excavaciones arqueológicas de la ciudad, donde se han hallado restos de un antiquísimo taller de artesanía.

El **Fort Canning Tree Tunnel,** en el extremo norte del parque, atrae a los amantes de la fotografía; no es extraño tener que hacer cola para tomar una instantánea de esta escalera en espiral que desciende por un túnel abierto bajo un árbol.

Retroceder a los tiempos de la II Guerra Mundial MUSEO

PLANO: 33 P. 36 B1

Bajo la frondosa vegetación del Fort Canning Park se oculta un búnker subterráneo completado en 1939 que fue escenario de momentos decisivos en la historia de Singapur. El acceso al **Battlebox** es gratis, pero limitado: se debe realizar una reserva en battlebox.sg.

Es preciso optar por la entrada de pago que incluye la audioguía (y llevarse auriculares) para descubrir la historia del avance del Ejército Imperial Japonés por territorio malayo e imaginar el pánico que sintieron los 500 soldados de las fuerzas británicas que se refugiaron aquí durante la caída de Singapur. Las efigies de tamaño real del teniente general Arthur Percival, encargado del mando en Malasia, y de otros militares en actitud tensa ante la mesa en la **Sala de Conferencias de la Rendición** son conmovedoras.

Entrar en un paraíso para bibliófilos BIBLIOTECA

PLANO: 34 P. 36 E1

Colmada de premios de arquitectura incluso antes de su inauguración, la futurista **Biblioteca Nacional de Singapur** fue diseñada por el malasio Ken Yeang, padre del ecodiseño. Este curvo templo de la erudición se compone de dos torres interconectadas por pasarelas y recubiertas de vidrio. La amplia sección de referencias y las salas de estudio de las plantas superiores ofrecen vistas fantásticas; con todo, la renovación finalizada en el 2024 es la que proyecta la biblioteca al futuro. Los niños adorarán el espacio de aprendizaje centrado en la biodiversidad marina y la **sala inmersiva** que permite hacer las veces de narrador mediante las tecnologías de la inteligencia artificial y la realidad aumentada.

Ir de tiendas CENTRO COMERCIAL

El clásico **Bras Basah Complex,** apodado Book City ("Ciudad de los Libros"), se ubica junto a la Biblioteca Nacional; el visitante puede pasar horas curioseando en sus librerías tradicionales, galerías de arte independiente, negocios de música y comercios *vintage*.

Basheer Graphic Books triunfa entre los apasionados de la lectura por su selección de volúmenes ilustrados sobre temáticas variadas, desde moda hasta arquitectura. Por su parte, **Jovial Crafts** vende artículos de papelería y accesorios únicos de diseño local.

La galería de arte **Cape of Good Hope** (PLANO: 35 P. 36 **E1**) posee una hermosa colección de obras singapurenses, si bien no se permite hacer fotos.

Navegar por el río Singapur CIRCUITO EN BARCO

El tramo del paseo ribereño que separa el Distrito Colonial del distrito financiero se conoce como Quays; los tres muelles que conforman esta área quedan unidos por el río Singapur, que antaño fue una próspera vía de acceso para *bumboats* (grandes barcazas motorizadas) que depositaban su cargamento en los *godown* (almacenes) de la orilla.

Es posible observarlos desde el agua a bordo de un *bumboat* de **Singapore River Cruise** (PLANO: 36 P. 36 **C3**); las entradas (adultos/niños 28/18 SG$ para un trayecto de 40 min) se compran en el **embarcadero de Clarke Quay** (PLANO: 37 P. 36 **B3**). Esta actividad ofrece una perspectiva reveladora sobre los cambios que ha experimentado el comercio en la isla con el paso de los años, desde las contaminadas vías navegables del pasado hasta los relucientes edificios financieros de acero y cristal actuales.

Constatar una mezcla de tradición y modernidad OCIO

PLANO: 38 P. 36 **C4**

Boat Quay, en el extremo sur del río, es una de las zonas con más historia de la ciudad: durante más de 150 años, se caracterizó por la presencia de un sinfín de almacenes y embarcaciones.

Con el tiempo, el agua alcanzó tal nivel de polución que las

LA CAÍDA DE SINGAPUR

La batalla de Singapur, librada del 8 al 15 de febrero de 1942, fue un enfrentamiento crucial de la II Guerra Mundial que puso fin a la hegemonía británica en la isla. Los japoneses, comandados por el general Tomoyuki Yamashita, ejecutaron una invasión planeada meticulosamente aprovechando puntos débiles de la estrategia enemiga. A pesar de que se consideraba una fortaleza inexpugnable, Singapur sucumbió en apenas una semana. La rendición de más de 80 000 soldados supuso la mayor capitulación en la historia militar británica. La caída de Singapur tuvo profundas repercusiones geopolíticas al acabar con la percepción de la invencibilidad imperial y alterar el equilibrio de poder en el Pacífico, pues aceleró el avance nipón y dio pie al dominio regional de Japón.

LAS MEJORES PISTAS DE BAILE

Zouk

PLANO: 41 P. 36 **B3**

Para salir de fiesta, los singapurenses recomiendan este club de Clarke Quay que lleva 2 años acogiendo a juerguistas.

Marquee

PLANO: 42 P. 36 **F5**

Dentro del elegantísimo y exclusivo club de Marina Bay Sands hay una noria y un tobogán de tres pisos.

Yang

PLANO: 43 P. 36 **B3**

Tras tomar cócteles en Yin, se puede bailar en Yang, local emplazado en la mansión china más antigua de Singapur.

Headquarters

PLANO: 44 P. 36 **C4**

No hay mejor sitio para bailar sin parar que este club donde suena música tecno, *house* y, de vez en cuando, disco.

autoridades decidieron trasladar la actividad portuaria a una nueva terminal en Pasir Panjang; de 1977 a 1987 se llevó a cabo una campaña de limpieza a gran escala que otorgó al río Singapur su aspecto actual.

El gobierno declaró Boat Quay "área de conservación" y restauró muchos de los tradicionales edificios de uso comercial y residencial manteniendo su estilo *art déco* y sus pórticos con arcadas. El lugar se ha convertido en una importante área de ocio repleta de negocios y bares turísticos.

En las calles secundarias hay antros y *pubs* más auténticos y asequibles.

Asistir a Comedy Masala

NOCHE DE COMEDIA

PLANO: 39 P. 36 **C4**

Quien necesite una buena carcajada debería acudir al bar **Hero's** un martes por la noche para ver actuar a cómicos de todas partes en el espectáculo **Comedy Masala;** la diversión continúa tras las risas con música en directo.

El público suele estar de pie; en caso de querer un asiento, tocará reservar la entrada en la web (comedymasala.com); así también se ahorran unos dólares.

Salir de fiesta hasta las tantas

OCIO

PLANO: 40 P. 36 **B3**

El animado **Clarke Quay** refleja a la perfección la transición de la isla. En el s. XIX, este muelle era conocido coloquialmente como *cha jung tau* ("puerto para barcos que transportan leña" en dialecto teochew).

Después de que la actividad portuaria se trasladara a una nueva terminal en Pasir Panjang, los almacenes y edificios comerciales y residenciales quedaron abandonados y el muelle se sumió en el silencio.

Declarado "distrito patrimonial" en 1989, Clarke Quay fue objeto del mayor proyecto de conservación realizado a orillas del río Singapur: los viejos almacenes se pintaron de todos los colores y se transformó el lugar en un área peatonal al aire libre rebosante de clubes nocturnos, locales de *hip-hop* y bares de salsa.

Sentir una descarga de adrenalina ATRACCIÓN EXTREMA

PLANO: 45 P. 36 **C3**

El pulso se acelera cuando uno se eleva 70 m en el aire a 160 km/h: la **Slingshot,** situada en Clarke Quay, ofrece vistas de infarto a quien se atreve a abrir los ojos.

Deleitar el paladar OCIO

PLANO: 46 P. 36 **A3**

Robertson Quay, el muelle más extenso y a más distancia río arriba de los tres, está cargado de historia; en el otrora bullicioso distrito de almacenes que acogía numerosas sociedades secretas, operaciones clandestinas y destilerías se respira ahora un ambiente tranquilo.

Hoy, el área atrae a personas maduras –de 30 años para arriba– que prefieren comer, beber y charlar con calma a ir de juerga toda la noche. El **Publico Ristorante** (PLANO: 47 P. 36 **A3**) aporta un toque de glamur italiano a esta zona ribereña y permite saborear un Aperol Spritz sintiendo la brisa. El vecino bar australiano **Boomarang** (o Boomers) se orienta a los fans del deporte; cuando retransmite partidos de *rugby,* no suele haber sitio para sentarse.

Catar especialidades nacionales FESTIVAL

Cada año, el **Festival Gastronómico de Singapur** rinde homenaje a los sabores de la cocina singapurense.

El evento, que suele celebrarse en julio, muestra el rico patrimonio culinario de la ciudad-Estado mediante una infinidad de propuestas relacionadas con la comida; tradicionalmente, tiene lugar en un espacio creado aposta dentro del recinto Bayfront Event Space.

Chefs locales, gastrónomos y *gourmets* se dan cita para disfrutar de platos tradicionales y contemporáneos prestando atención a las nuevas tendencias. En este escenario, una serie de cocineros consolidados y emergentes tienen la oportunidad de demostrar su talento a la vez que promueven la diversidad cultural que caracteriza el panorama culinario de Singapur.

Gracias a clases magistrales impartidas por chefs, circuitos gastronómicos y talleres de cocina, el festival es una auténtica delicia.

SUGERENCIAS

Lo mejor para...

Localizaciones en el plano de la **p. 36**

$ Económico $$ Medio $$$ Alto

Comer

Restaurantes de categoría

Odette $$$
48 D3
Alta cocina francesa con ingredientes de temporada de la mano del chef Julien Royer, galardonado aquí con tres estrellas Michelin. *12.00-13.15 y 18.30-20.15 ma-sa*

Whitegrass $$$
véase 22 D2
El chef Takuya Yamashita aporta un toque japonés contemporáneo a la cocina clásica francesa para crear una innovadora experiencia culinaria. *12.00-14.30 y 18.00-22.30 ma-sa*

Waku Ghin $$$
véase 1 F5
El exquisito menú degustación de 10 platos modernos de fusión japonesa y europea concebido por el aclamado chef Tetsuya Wakuda no deja a nadie indiferente; es imprescindible reservar. *17.30-23.00*

Summer Pavilion $$$
49 G3
Máximo exponente de la excelencia gastronómica cantonesa que aúna tradición y modernidad; cada propuesta es una obra maestra, desde el delicado *dim sum* hasta el opíparo marisco. *11.30-14.30 y 18.30-22.30*

Sopas y fideos

Song Fa Bak Kut Teh $
50 C4
Institución especializada en *bak kut teh*, reconfortante caldo a base de hierbas, especias y dientes de ajo en que se cuecen a fuego lento costillas de cerdo cuya carne se deshace en la boca. *10.00-21.00*

LiXin Teochew Fishball Noodles $
51 G5
Popular restaurante que deleita a los comensales con platos de la cocina teochew, bolas de pescado hechas a mano y fideos desde 1968. *9.00-21.00*

Hanamaruken $$
52 D1
Local de *ramen* famoso por su caldo –que hierve 8 h a fuego lento siguiendo una receta secreta– y su tierna carne de cerdo. *11.00-22.00*

Haidilao Hot Pot $$
53 B3
Restaurante de *hot pot* al estilo de Sichuan con una clientela fiel y una teatral preparación de los fideos. *11.30-6.00*

'Dumplings' y 'dim sum'

Madame Fan $$$
54 E2
Dim sum preparado de forma tradicional con ingredientes contemporáneos; el *brunch* del fin de semana es legendario. *11.30-14.30 lu-vi, hasta 15.00 sa-do, 18.00-22.00 lu-do*

Wah Lok $$$
55 D2
Establecimiento cantonés, elegido por muchos para celebrar ocasiones especiales, que sirve uno de los mejores almuerzos a base de *dim sum* de Singapur; el fin de semana es necesario reservar. *11.30-14.30 lu-sa, desde 11.00 do, 18.30-22.00 lu-do*

Din Tai Fung $$

56 G5

Restaurante de *dumplings* (bolas de masa) conocido por su divino *xiao long bao* (*dumpling* de sopa) donde toca hacer cola durante los períodos de mayor afluencia y los fines de semana. *11.00-21.00*

Hamburguesas y 'pizzas'

Wild Child Pizzette $$

57 C4

Pizzería minimalista que apuesta por bases ligeras de fermentación lenta e ingredientes deliciosos. *12.00-14.30 y 17.30-22.30 mi-lu*

d.o.c $$

58 F2

Un pizzero profesional cuece *pizzas* perfectas en un horno de leña usando madera de manzano para otorgarles un toque dulce. *11.00-23.00*

Black Tap Craft Burgers & Beers $$

59 F6

Hamburguesas suculentas que se pueden acompañar con batidos Crazyshake para saciar un apetito voraz. *11.30-23.00 lu-vi, desde 11.00 sa-do*

Wildfire Burgers $$

60 A3

Hamburguesas de Stone Axe Wagyu asadas a la perfección y servidas en panecillos esponjosos. *16.00-23.00*

Bufés

Colony $$$

61 G3

El bufé más ostentoso de la ciudad incluye una fabulosa selección de marisco; el Vintage Champagne Brunch del domingo sube aún más el listón. *6.30-10.30, 12.00-14.00 y 18.30-22.30 lu-do, hasta 15.30 do*

Edge $$

62 F3

Conviene ir con hambre a este célebre bufé de hotel; las siete cocinas ajetreadas tocan la gastronomía singapurense, india, japonesa y cantonesa. *6.30-10.30, 12.00-14.30 y 18.00-22.00 lu-do, hasta 15.00 sa-do*

Lavo $$$

63 G6

Restaurante italiano que ofrece un animado Champagne Brunch dominical con DJ y vistas del asombroso perfil urbano desde la planta 57. *12.00-24.00*

Tess Bar & Kitchen $$

64 E1

Shophouse industrial-chic que sirve comida europea de influencias asiáticas y propone un *brunch* a modo de bufé con posibilidad de barra libre (vi-do). *16.00-1.00 lu-ju, hasta 3.00 vi, 12.00-3.00 sa, hasta 1.00 do*

Desayuno y 'brunch'

Common Man Coffee Roasters $$

65 A2

Diáfana cafetería que sirve a todas horas desayunos (la carta es sencilla pero acertada) y café de primera tostado in situ. *7.30-18.00*

Gather $$

véase 11 E2

Emplazada en Raffles Arcade, esta elegante cafetería se especializa en *galettes* saladas y creps dulces acompañadas de café excelente. *8.00-17.00 lu-vi, hasta 18.00 sa-do*

Punch $$

66 C4

Cafetería minimalista con un patio impresionante donde cuesta elegir entre las delicias de una carta centrada en los desayunos. *8.00-18.00*

Glasshouse $$

véase 22 D2

Cafetería minimalista en CHIJMES donde se pueden pedir clásicos del desayuno como *bagels* y tostadas con salmón todo el día; se aconseja dejar un hueco para un exquisito pastelillo de postre. *8.00-22.00*

Beber

Bares de azotea

Smoke & Mirrors

véase 18 D3

Lujosa coctelería en lo alto de la Galería Nacional donde probar combinados originales con vistas arrebatadoras de Marina Bay; al atardecer es preciso reservar. *18.00-24.00 lu-mi, hasta 1.00 ju-sa, 17.00-24.00 do*

Level 33

67 E6

La "cervecería artesana urbana" más alta del mundo elabora *lager, pale ale, stout, porter* y cerveza de trigo; se puede pedir la paleta de degustación para catarlas todas. *12.00-23.00*

CÉ LA VI

68 G5

Encaramado en el SkyPark de Marina Bay Sands, este bar permite contemplar el increíble panorama urbano; la entrada de 30 SG$ se puede canjear por comida o bebida. *16.00-1.00*

Southbridge

69 C4

Bar de azotea que sobresale entre los excesivos bares mediocres de Boat Quay gracias a vistas fantásticas de la ciudad y el río, buenos cócteles y ciertas ginebras disponibles de domingo a jueves de 17.00 a 20.00. *17.00-24.00*

Coctelerías

Nutmeg & Clove

70 E1

Veterana coctelería cuyos expertos bármanes reinterpretan cócteles clásicos con un toque singapurense; la sede original de Chinatown se ha trasladado aquí. *17.00-24.00 lu-ju, desde 16.00 vi-sa*

Last Word

véase 70 E1

Elegante bar que se ha propuesto reavivar la pasión por los cócteles tradicionales; con énfasis en la precisión y los ingredientes frescos, cabe esperar lo inesperado. *17.00-24.00 ma-do*

Writers Bar

71 E2

Refinada coctelería con una discreta ubicación en The Grand Lobby del Raffles Hotel, ideal para quien busque algo distinto al dulce Singapore Sling del Long Bar. *17.00-23.00 do-ju, hasta 23.30 vi-sa*

MO Bar

72 F3

Bar con clase del hotel Mandarin Oriental que sirve cócteles artesanales y atrae a un gentío con sus veladas temáticas (lu-mi). *17.00-24.00 do-ju, hasta 1.00 vi-sa*

Cafeterías

Alchemist

73 D6

Modesto establecimiento especializado en café fuerte; lo habitual es pedirlo para llevar, pero hay bancos para quienes prefieran beberlo allí. *8.00-17.00 lu-vi*

Wai Cafe

74 D5

Colorida cafetería del distrito comercial con una atmósfera *vintage* perfecta para despejarse con un café servido en coquetos vasos para llevar. *8.00-17.30 lu-vi*

Kurasu

75 D1

La decoración tiende al minimalismo; el café, no: con la ayuda del atento personal, el cliente puede elegir entre selectas variedades cultivadas en Japón. *10.00-18.00*

Waga Waga

76 F2

Cafetería de inspiración nipona en una oscura

estructura cúbica de vidrio donde el cliente puede saborear infusiones de calidad o pedir un refrescante Cloud Coffee, su versión del capuchino con hielo. *8.30-15.30 lu-vi, 12.00-16.00 sa*

Comprar

'Boutiques'

Green Collective

77 D3

Cooperativa de múltiples marcas con un enfoque sostenible que ofrece una amplia gama de artículos de residuo cero, como joyas, ropa y accesorios. *11.00-21.00*

Raffles Boutique

78 E2

Aunque parezca una trampa para turistas, esta tienda vende una cuidada selección de productos excelentes (en general, relacionados con Singapur), así como regalos y *souvenirs* oficiales del Raffles. *10.00-19.30*

Recuerdos singapurenses

Supermama

79 D4

Negocio similar a una galería y repleto de obsequios contemporáneos, incluidas piezas de diseñadores locales inspiradas en Singapur; destacan las vajillas de porcelana azul y blanca producidas en Japón. *10.00-19.00 sa-ju, hasta 21.00 vi*

When I Was Four

véase 35 E1

Estudio de diseño local que crea artículos cotidianos con un toque lúdico, como camisetas de temática singapurense o peculiares calcetines con estampado de leopardo. *12.00-19.00 lu-vi, 12.30-18.30 sa*

Love, Bonito

80 D3

Esta firma de moda ética fundada por la singapurense Rachel Lim triunfa entre las lugareñas que buscan prendas funcionales y versátiles bien confeccionadas. *11.00-22.00*

TWG Tea Boutique

81 E2

Sofisticado proveedor de té que vende más de 800 variedades –únicas y mezcladas– procedentes de todo el globo, desde English Breakfast hasta Grand Golden Yin Zhen chapado en oro de 24 quilates. *10.00-22.00*

Tecnología y música

MASH Keyboard

82 F2

Negocio especializado en teclados mecánicos que también proporciona interruptores y accesorios; el personal estará encantado de ayudar. *11.00-21.00 do-ju, hasta 23.00 vi-sa*

Leica

83 E2

Tienda de visita obligada para los aficionados a la fotografía con cámaras y objetivos de óptima factura y máxima precisión. *10.00-20.00*

The Adelphi

84 D3

Centro comercial idóneo para los entusiastas del mundo audiovisual, con numerosos negocios de excelentes equipos de sonido e instrumentos musicales y estudios de grabación. *8.00-22.00*

Roxy Disc House

85 D3

Paraíso para audiófilos y fans de los vinilos que dispone de una vasta selección a precios asequibles, si bien reina cierto desorden. *13.00-19.00 lu-sa, desde 14.00 do*

Sugerencias de lugares para comer, beber y comprar en **p. 78**

Explora
Little India y Kampong Glam

Little India, área de Singapur donde se asentaron originalmente los inmigrantes indios, se ha convertido en un bullicioso eje comercial y cultural. Su palpitante corazón, delimitado por Serangoon Rd, Jalan Besar, Campbell Ln y Syed Alwi Rd, ofrece un festín para los sentidos; aparte de ir de tiendas y visitar templos, hay que probar la cocina india.

Un paseo al sureste por Ophir Rd conduce al barrio de Kampong Glam (también llamado, por extensión, Arab Street), con callejuelas salpicadas de mezquitas fabulosas, cafeterías sofisticadas y *boutiques* eclécticas; por la tarde, Haji Ln se anima con música en directo.

Cómo desplazarse

MRT
La línea Downtown conecta Little India, Jalan Besar y Kampong Glam; desde la estación Bugis, conviene tomar el tren en dirección a Little India (si se va hacia Jalan Besar, el trayecto dura 20 min en vez de 2 min).

Autobús
Hay muchos autobuses, sobre todo a lo largo de calles principales como Bukit Timah Rd, Serangoon Rd, Victoria St y Beach Rd.

A pie
Las calles son bastante estrechas, pero se camina sin problemas por la mayoría incluso repletas de vendedores y puestos callejeros.

Mezquita del Sultán (p. 73).
VLADIMIR ZHOGA/SHUTTERSTOCK ©

★

LO MEJOR

MUSEO ASOMBROSO
Indian Heritage Centre (p. 64)

TEMPLO GRANDIOSO
Templo Sri Veeramakaliamman (p. 70)

MEZQUITA HERMOSA
Mezquita del Sultán (p. 73)

COCTELERÍA
Atlas (p. 76)

ÁREA DE RESTAURACIÓN
Tekka Centre (p. 65)

A
B
C
D
E
F
1
2
3
4
Templo Sri Srinivasa Perumal 5
Farrer Park
Casas adosadas de Petain Road 11
Sturdee Rd
Petain Rd
Jln Besar
Foch Rd
Tyrwhitt Rd
Hamilton Rd
Horne Rd
Cavan Rd
Serangoon Rd
Kandahar St
Bussorah St
Muscat St
Arab St
North Bridge Rd
Haji Lane
Arab Street
Dilip Textiles
Gelam Gallery 15
Baghdad St
KAMPONG GLAM
Bali La
Haji La
Ophir Rd
Sifr Aromatics
Beach Rd
0 50 m
Kampong Glam
Serangoon Plaza
Mustafa Centre 4
Kitchener Rd
Verdun Rd
Syed Alwi Rd
Sam Leong Rd
Complejo de natación de Jalan Besar 12
Estadio Jln Besar
Plumer Rd
Desker Rd
Rowell Rd
Kampong Kapor Rd
Maude Rd
Townshend Rd
King George's Ave
Templo Sri Veeramakaliamman 1
Veerasamy Rd
LITTLE INDIA
Little India
Race Course Rd
Chander Rd
Kerbau Rd
Antigua casa de Tan Teng Niah 7
Buffalo Rd
Tekka Centre
Cuff Rd
Amrita Ayurveda & Yoga 9
Upper Dickson Rd
Thandapani Co 3
Loop Garms 10
Jln Berseh
Kelantan La
Canal Rochor
Puente Syed Alwi

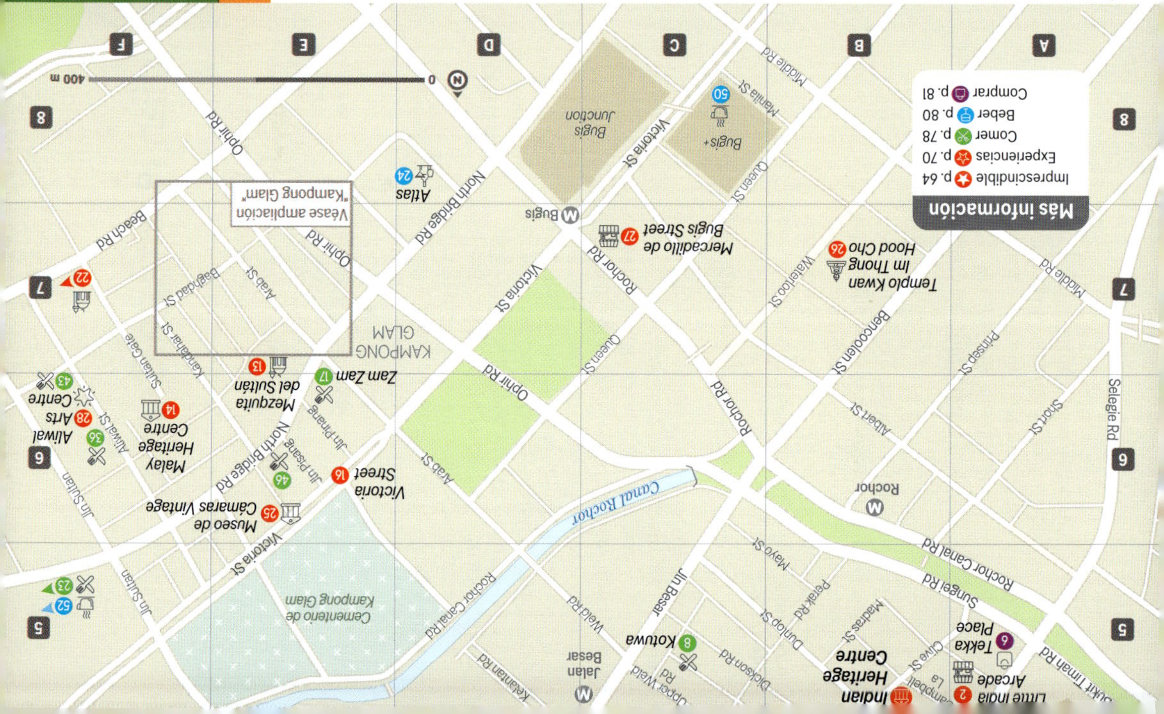
A
B
C
D
E
F
5
6
7
8
0
400 m
Más información
Imprescindible p. 64
Experiencias p. 70
Comer p. 78
Beber p. 80
Comprar p. 81
Little India Arcade
2
Tekka Place
6
Indian Heritage Centre
Campbell La
Clive St
Madras St
Dunlop St
Dickson Rd
Upper Weld Rd
Kotuwa
8
Jalan Besar
Kelantan Rd
Weld Rd
Jln Besar
Perak Rd
Mayo St
Bukit Timah Rd
Sungei Rd
Rochor Canal Rd
Rochor
Selegie Rd
Short St
Albert St
Prinsep St
Middle Rd
Bencoolen St
Waterloo St
Templo Kwan Im Thong Hood Cho
26
Rochor Rd
Canal Rochor
Queen St
Mercadillo de Bugis Street
27
Bugis
Bugis Junction
Bugis+
50
Victoria St
Manila St
Ophir Rd
Arab St
North Bridge Rd
Atlas
24
KAMPONG GLAM
Véase ampliación "Kampong Glam"
Baghdad St
Kandahar St
Beach Rd
Zam Zam
17
Mezquita del Sultán
13
Victoria Street
16
Jln Pinang
Jln Pisang
46
Museo de Cámaras Vintage
25
Cementerio de Kampong Glam
Malay Heritage Centre
14
Sultan Gate
Aliwal St
Aliwal Arts Centre
28
36
43
22
Jln Sultan
52
23

★ IMPRESCINDIBLE

Indian Heritage Centre

Emplazado en un impresionante edificio moderno, este museo narra de forma dinámica la historia, cultura y herencia de la comunidad india de Singapur desde la llegada de los primeros pobladores hasta los logros contemporáneos.

PLANO: P. 62 **B5**

CONSEJO
Se organizan circuitos guiados gratis de 1 h (11.00 ma-vi y 14.00 vi-do).

Repaso a la historia

El centro se focaliza en cinco temáticas cautivadoras que abarcan del s. I al s. XXI; cada una aporta una perspectiva única sobre la cultura india y su profunda influencia en Singapur.
La vasta colección de artefactos históricos, mapas, grabaciones de archivo y material multimedia permite ahondar en las tempranas interacciones entre Asia meridional y el sureste asiático, así como familiarizarse con las tradiciones culturales del pueblo indio y sus contribuciones inestimables al desarrollo de la nación singapurense. Aparte de las salas de exposición, hay un centro de visitantes, un jardín en la azotea y espacios para actividades.

Arquitectura

Inspirada en un *baoli,* la fachada del museo imita los peldaños que descienden al agua en estos pozos escalonados típicos de la India. Conforme se pone el sol, el frontis translúcido del edificio experimenta una transformación mágica revelando un fascinante y colorido mural que evoca un magnífico tapiz.

Escanea este código QR para consultar los horarios e información sobre reservas.

Puerta de Chettinad

Una de las piezas más destacadas es la extraordinaria puerta de Chettinad (s. XIX) decorada con la friolera de 5000 figuras labradas, ejemplo de la exquisita artesanía de tiempos pasados.

★ IMPRESCINDIBLE

Tekka Centre

Ubicado junto a la estación de metro (MRT) Little India, este centro se considera el corazón latiente del barrio; con un mercado, un área de restauración y una serie de tiendas, es un lugar ruidoso, concurrido y colorido.

PLANO: P. 62 **A4**

Mercado ajetreado

El mercado más caro de Singapur está a rebosar de frutos tropicales, hortalizas asiáticas, hierbas aromáticas y especias de todo tipo. En **Lim's Coconuts & Sundry Products,** una vieja máquina de rallar extrae la esponjosa y blanca pulpa del coco. Hay una amplia selección de carne, pescado y marisco; a menudo, el animal se presenta vivo al cliente, que asiste a cómo lo filetean y trocean (escena que podría causar disgusto).

Comida rica

Tras curiosear por el mercado y hacer compras si uno lo desea, se aconseja acudir al área de restauración para ponerse las botas con deliciosas especialidades indias como *biryani* auténtico, finísimas *dosas* (tortitas de harina de lentejas), tierno *roti prata* (pan plano) y exquisitas *murtabak* (sabrosas tortitas rellenas), todo ello acompañado de *teh tarik*.

Explosión de colores

En la planta superior hay múltiples negocios de saris y otros productos textiles de colores vivos donde trabajan hábiles sastres. Probablemente se trate del sitio más económico para adquirir un atuendo indio: aunque el precio se indica en la etiqueta, se puede intentar regatear de forma educada.

CONSEJO

Si se prefiere evitar las multitudes, es mejor no visitar Little India en domingo, pues está especialmente concurrido por ser el día de descanso de muchos trabajadores.

Escanea este código QR para reservar un circuito por el mercado de Tekka con SingaBites.

CIRCUITO A PIE

Paseo por Little India

Little India, área agradablemente estrepitosa y pintoresca, contrasta con las partes más saneadas de la ciudad; el viajero vivirá aquí la experiencia urbana más hipnotizante de Singapur entre tiendas de especias, vendedores de oro y saris, templos multicolor y restaurantes de comida picante.

INICIO	FINAL	DURACIÓN
Templo Sri Srinivasa Perumal	Tekka Centre	2 km; 2 h

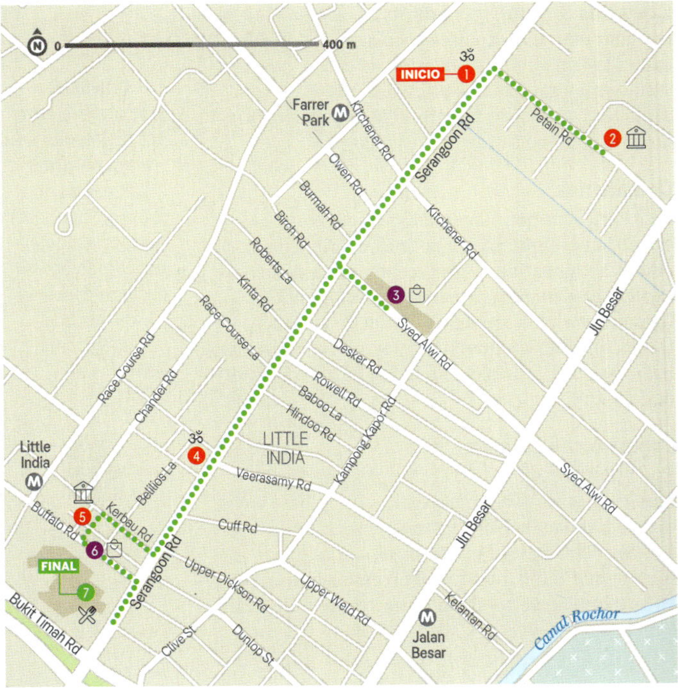

1 Torre polícroma

Justo al noreste de la estación Farrer Park del MRT, en Serangoon Rd, se alza la llamativa *gopuram* (torre piramidal) de 20 m del **templo Sri Srinivasa Perumal,** erigido en 1855, el primero de Singapur dedicado a Visnú.

2 Calle preciosa

Se recomienda aventurarse por **Petain Rd,** donde aguarda una alucinante sucesión de tradicionales edificios de la década de 1920; basta examinar detenidamente las baldosas de cerámica de las paredes para apreciar la meticulosidad de los artesanos.

3 Sesión de compras

Tras retomar Serangoon Rd en dirección suroeste, hay que girar a la izquierda por Syed Alwi Rd, donde lo espiritual da paso a lo comercial en el gigantesco **Mustafa Centre;** quien entre en estos grandes almacenes hará bien en recordar el acceso utilizado para encontrar la salida sin dificultades.

4 Sesión de rezos

Siguiendo por Serangoon Rd se alcanza el **templo Sri Veeramakaliamman,** principal templo hinduista de Little India dedicado a la feroz diosa Kali, muy popular en Bengala (tierra natal de los trabajadores que levantaron la estructura en 1881); el lugar es muy evocador durante las cuatro sesiones diarias de *puja* (oración).

5 Residencia caleidoscópica

Al salir del templo, toca seguir adelante y virar a la derecha por Kerbau Rd, donde uno quedará deslumbrado por la **antigua casa de Tan Teng Niah;** este bungaló chino de dos plantas seguramente sea el edificio más colorido de Singapur.

6 Estímulo olfativo

Cuando el viajero haya sacado suficientes fotos, puede tomar el callejón que lleva a **Buffalo Rd,** animada calle llena de tiendas de productos indios, altares hinduistas y puestos de guirnaldas con una dulce fragancia; las flores usadas para elaborar estas últimas tienen gran valor simbólico: el blanco del loto y el jazmín expresan pureza, mientras que el amarillo de la caléndula denota paz.

7 Corazón latiente

Finalmente, se puede entrar en el **Tekka Centre,** situado enfrente, para explorar el mercado, probar cuantiosas delicias baratas y, si se quiere, comprar un sari en alguno de los negocios especializados de la planta superior.

CIRCUITO A PIE

Paseo por Kampong Glam

El lugar donde residía el sultán local se caracteriza por una sugestiva mezcla de restaurantes y comercios islámicos, atractivos edificios adornados con arte callejero, bares de moda y *boutiques* únicas; el barrio de Kampong Glam promete tesoros, monumentos y deleites inesperados.

INICIO	FINAL	DURACIÓN
Mezquita del Sultán	Haji Lane	1,1 km; 1½ h

1 Mezquita histórica

Este paseo empieza en la **mezquita del Sultán,** muestra de arquitectura indo-sarracena coronada por una cúpula dorada; admite visitantes (vestidos de forma apropiada), pero la sala de oración se reserva a los de fe musulmana.

2 Calle fotogénica

Frente a la mezquita del Sultán se extiende el tramo peatonal de **Bussorah Street,** con vistosos edificios bellamente restaurados; la imagen de la mezquita enmarcada por las altas palmeras que flanquean la vía es digna de postal.

3 Callejón artístico

Tras girar a la izquierda por Baghdad St, hay que torcer de nuevo a la izquierda por el callejón señalizado con el cartel **Gelam Gallery,** espacio artístico al aire libre que revela el talento de alumnos recién graduados y artistas locales e internacionales; lo mejor es acudir a primera hora para evitar los vehículos de reparto.

4 Sede de la realeza

Al final del callejón, hay que ir a la derecha por Muscat St, pasar bajo el arco de granito tallado y cruzar Kandahar St para llegar al **Malay Heritage Centre,** emplazado en el *istana* (palacio) del último sultán; después de familiarizarse con la cultura e historia de la comunidad malaya de Singapur, se sale otra vez a Kandahar St.

5 Antigua playa

Yendo al sur, a mano izquierda queda **Gedung Kuning** ("mansión amarilla" en malayo), antiguo hogar de la familia real malaya que ahora acoge un restaurante y un espacio para eventos. Luego se gira a la derecha por Baghdad St y a la izquierda por Bussorah St; al alcanzar **Beach Road** hay que girar a la derecha para abrirse paso entre restaurantes y *boutiques.*

6 Oficios de antaño

La siguiente calle a la derecha es **Arab Street,** núcleo de la tradicional industria textil de la zona, con muchos tejidos, alfombras persas y perfumes; no hay que perderse el **mural del nº 92** que ilustra la historia y herencia del barrio.

7 Callejuela de moda

Se aconseja seguir por Arab St, tomar North Bridge Rd a la izquierda y girar nuevamente en este sentido por **Haji Lane,** estrecha callejuela de tonalidad pastel donde uno puede curiosear en tiendas peculiares, admirar arte callejero y tomar algo en el restaurante mexicano **Piedra Negra.**

EXPERIENCIAS

Maravillarse ante el Sri Veeramakaliamman TEMPLO

PLANO: 1 p. 62 **B3**

El **templo Sri Veeramakaliamman** es el más pintoresco e impactante de Little India; está dedicado a la diosa Kali, representada con una guirnalda de calaveras mientras despedaza a sus víctimas y comparte plácidos momentos en familia con sus hijos Ganesh y Murugan. Hace mucho que la consorte de Shiva inspira devoción en Bengala, tierra natal de los trabajadores que levantaron la estructura en 1881; su rasgo más característico, una torre piramidal de acceso *(gopuram)* con elaboradas figuras esculpidas de deidades hindúes, se añadió en la década de 1980.

El templo, lleno a todas horas, es de lo más evocador durante las sesiones diarias de *puja* (oración). Los visitantes, que pueden entrar en determinados momentos tras descalzarse, quedan embelesados por el aroma del incienso, las melodías de la música que suena y los cánticos litúrgicos. Se permite sacar fotografías, pero conviene recordar que es un lugar de culto.

Deambular por los mercados de Little India COMPRAS

Se puede pasar un buen rato explorando **Little India Arcade** (PLANO: 2 p. 62 **A5**), con múltiples tiendas, olores intensos y música de Bollywood; este espacio comercial abarca una sección interior y varios negocios a lo largo de Campbell Ln. Es el sitio perfecto para comprar una imagen enmarcada de Krishna, comer bien y ver cómo fríen *chapati* en la calle. Y si apetece algo dulce, se recomienda pedir *gulab jamun* (bolitas de masa fritas y empapadas de sirope) y *barfi* (leche condensada cocida con azúcar hasta que se solidifica) en **Moghul Sweets** (véase PLANO: 2 p. 62 **A5**).

Percibir fragancias embriagadoras TIENDA DE ESPECIAS

PLANO: 3 p. 62 **B4**

Justo detrás del Indian Heritage Centre, en Dunlop St, se halla la legendaria tienda de especias **Thandapani Co.** Poco ha cambiado desde su apertura en la década de 1960: aún luce bolsas de arpillera llenas de chiles, semillas de hinojo y otros ingredientes básicos de la cocina india. Se considera uno de los mejores lugares para adquirir especias, y suele haber cocineros aficionados y chefs profesionales en busca de productos que no se encuentran en ninguna otra parte.

Buscar gangas CENTRO COMERCIAL

PLANO: 4 p. 62 **C2**

El laberíntico **Mustafa Centre** tiene de todo: sus seis pisos (incluidos los subterráneos) rebosan de joyas de oro, artículos de electrónica, tejidos, ropa, equipajes, productos de belleza, etc. También hay oficinas de cambio y un gran supermercado con una amplia gama de alimentos indios e internacionales.

Quien odie las aglomeraciones no debería acudir en hora punta (cuando termina la jornada laboral) ni en domingo. Visitar estos grandes almacenes implica invertir unas cuantas horas y, con toda probabilidad, perderse por sus interminables pasillos. Al terminar las compras, se puede pedir una reconfortante taza de *masala chai* en el **Mustafa Cafe** (Syed Alwi Rd).

Empequeñecer ante el Sri Srinivasa Perumal TEMPLO

PLANO: 5 p. 62 D1

Erigido en 1855, el **templo Sri Srinivasa Perumal** está dedicado a Visnú, dios hindú encargado de restablecer el equilibrio entre el bien y el mal.

En 1966 se incorporó una *gopuram* (torre piramidal) de 20 m que realza su esplendor. Dentro hay estatuas de Visnú, Lakshmi, Andal y Garuda (ave mítica montada por el primero). El templo adquiere suma importancia durante el festival anual **Thaipusam** (normalmente en febrero) como punto de partida de un estremecedor desfile callejero en que numerosos participantes se perforan la piel con ganchos y pinchos para demostrar su inquebrantable fe y devoción.

Combatir el calor CENTRO COMERCIAL

PLANO: 6 p. 62 A5

Quien necesite refugiarse en un lugar fresco puede optar por el centro comercial de lujo **Tekka Place,** con un montón de tiendas que venden preciosos saris y objetos de artesanía, así como salones de belleza especializados en el complejo arte de la henna.

Contemplar una residencia alucinante ARQUITECTURA

PLANO: 7 p. 62 A4

Cerca del Tekka Centre se encuentra la **antigua casa de Tan Teng Niah,** colorido bungaló chino de dos plantas cuyo antiguo dueño poseía cuantiosas empresas locales que se dedicaban, entre otras cosas, a la producción de dulces y el ahumado del caucho; este hogar

ADIÓS A LOS CUBIERTOS

La costumbre india de comer con las manos se ha popularizado en Singapur. Lo primero que uno debe hacer es lavárselas; luego, si hay pan en la mesa, se arrancan pedacitos con los que se envuelven pequeñas porciones para llevarlas a la boca. Es importante comer solo con la mano derecha, pues la izquierda se usa tradicionalmente para la higiene corporal. Cuando se sirve arroz como acompañamiento, la técnica se complica: hay que formar pelotitas mezclándolo con los otros alimentos e introducirlas en la boca con el pulgar.

evoca una era pasada en que las industrias chinas constituían un elemento distintivo del barrio.

Es el único edificio de su tipo que permanece en pie en la zona, pues los demás se demolieron para dejar espacio a construcciones más modernas. La casa se restauró en la década de 1980 y se destinó al uso comercial; hoy, su psicodélica fachada encandila a fotógrafos e *instagramers*.

Emprender un viaje culinario

RESTAURANTE

PLANO: 8 p. 62 **C5**

Emplazado anteriormente en el hotel Wanderlust de la década de 1920, **Kotuwa** es una joya gastronómica del pionero chef Rishi Naleendra, cuyo restaurante Cloudstreet en Chinatown posee dos estrellas Michelin. Aquí, los comensales viajan a Sri Lanka, patria de Naleendra, mediante una fusión de sabores y texturas. Es buena idea probar *short eats* (tentempiés) antes de pasar a fragantes curris y exquisitos *rotis* inspirados en la comida callejera. En vez de arroz, es preferible pedir *hoppers* (en su versión con huevo) acompañados de conservas y *sambal* de la casa. También destaca la exótica carta de cócteles.

Recuperar la vitalidad y el vigor

AYURVEDA

PLANO: 9 p. 62 **B4**

Si uno se siente agobiado por el ajetreo de Little India, tal vez reencuentre la serenidad a través del ayurveda, sistema de medicina tradicional originario de la India que se basa en textos antiquísimos y adopta un enfoque natural y holístico en beneficio de la salud física y mental.

Se puede optar por el *Abhyangam,* masaje relajante con aceites medicinales templados, o por el *Shirodhara,* tratamiento meditativo en que se aplica rítmicamente aceite tibio en la frente (el tercer ojo). El tonificante *Elakizhi,* consistente en masajear el cuerpo entero con cataplasmas de hierbas, ayuda a estimular la circulación y despertar los sentidos. Se puede rematar la experiencia con un baño de vapor de hierbas para depurar y purificar el organismo.

DESAYUNO TÍPICO

Para integrarse en la Ciudad del León, lo mejor es empezar la jornada con el clásico desayuno singapurense: dos huevos ligeramente cocidos (la clara queda casi translúcida), rebanadas de pan tostado untadas con mantequilla y *kaya* (dulce mermelada de coco y huevo) y una taza de *kopi* (café). Para degustarlo, basta romper los huevos en un bol, añadir un chorrito de salsa de soja y una pizca de pimienta blanca, remover bien y mojar las tostadas.

Hay muchos centros en la zona que ofrecen terapias ayurvédicas, como **Amrita Ayurveda & Yoga.**

Descubrir el nuevo barrio de moda BARRIO

Jalan Besar, que en malayo significa "camino grande/ancho", ya no tiene fama por los combates de boxeo y las ferreterías, sino por sus edificios patrimoniales, cafeterías y comercios.

Quien busque ropa *vintage* puede entrar en **Loop Garms** (PLANO: 10 p. 62 **C4**), con una selección de prendas deportivas y simpáticos indumentos que aluden a la cultura popular cuya confección se remonta al siglo pasado; la tienda asociada **Stakeout** se halla en el mismo edificio.

Chye Seng Huat Hardware (p. 80) impulsó la revolución del café en la zona y sigue triunfando una década después; actualmente hay varias cafeterías más por el barrio, incluida **Brawn & Brains Coffee** (p. 80). Quien prefiera la otra infusión por excelencia debería acudir al salón de té **Antea Social** (p. 80).

Admirar la perfección peranakan EDIFICIOS

PLANO: 11 p. 62 **E1**

En Jalan Besar, vale la pena observar la hilera de **casas adosadas de dos plantas de Petain Road,** profusamente decoradas. Estas joyas de la arquitectura peranakan construidas en la década de 1920 dan muestra de una explosión de colores, desde las baldosas de cerámica de las paredes con motivos florales hasta los bajorrelieves de los pilares adornados con flores, aves y árboles; la ornamentación excesiva es típica del estilo tardío de las *shophouses,* edificios de uso comercial y residencial.

Darse un chapuzón COMPLEJO DE NATACIÓN

PLANO: 12 p. 62 **F2**

Si el viajero elige un hotel sin piscina, siempre puede pagar un par de dólares y zambullirse en el **complejo de natación de Jalan Besar,** cuyos carriles de 50 m son ideales para dar unas cuantas brazadas.

Dejarse hechizar por un templo majestuoso MEZQUITA

PLANO: 13 p. 62 **E7**

La **mezquita del Sultán** es la más grande de Singapur. Fundada en 1824 con el apoyo de sir Stamford Raffles y la Compañía Británica de las Indias Orientales después de que el tratado entre Raffles y el sultán de Singapur permitiera al líder malayo mantener la soberanía en la región, la mezquita es una muestra de arquitectura indo-sarracena coronada por una mayestática cúpula dorada.

En 1928, la estructura original fue reemplazada por la actual, obra de un arquitecto irlandés. Todos los visitantes deben vestirse de forma apropiada (se proporcionan mantos en la entrada), pero solo los de fe musulmana tienen acceso a la sala de oración.

Visitar una sede de la realeza

MUSEO

PLANO: 14 p. 62 **F6**

El área de Kampong Glam es la sede histórica de la familia real malaya, que ya residía aquí antes de la llegada de Stamford Raffles. El *istana* (palacio) del lugar se construyó para el último sultán de Singapur, Ali Iskandar Shah, entre 1836 y 1843.

Desde el 2015, sus estancias acogen el **Malay Heritage Centre,** museo que explora la cultura e historia de la comunidad malaya de Singapur relatando la migración inicial de comerciantes a Kampong Glam y la evolución de la industria cinematográfica, teatral, musical y editorial malayo-singapurense. Cerrado por reformas cuando se redactaba esta guía, se prevé que reabra a finales del 2025.

Recorrer un callejón artístico

ARTE CALLEJERO

PLANO: 15 p. 62 **C2**

Las calles principales de Kampong Glam comparten protagonismo con los callejones paralelos al tramo peatonal de Bussorah St, que han cobrado vida gracias a la inauguración de **Gelam Gallery,** primer espacio artístico permanente al aire libre de Singapur.

Los muros traseros se han transformado en lienzos con obras de más de 30 artistas que abarcan creaciones de alumnos recién graduados de instituciones reputadas –como la Academia de Bellas Artes de Nanyang (NAFA) y el Colegio de las Artes LASALLE– y piezas de artistas locales e internacionales; más vale acudir temprano para que los vehículos de reparto no estropeen las fotos.

Llenar el estómago

RESTAURANTE

PLANO: 17 p. 62 **E6**

El restaurante **Zam Zam** de Kampong Glam abrió sus puertas en 1908; pese a tantos años de actividad, los camareros aún salen a la calle para buscar clientes mientras los chefs preparan a un ritmo frenético la deliciosa especialidad de la casa: *murtabak,* sabrosas tortitas rellenas de carne de cordero, pollo, ternera o venado y hasta de sardinas. Las porciones son muy generosas: basta pedir una mediana para dos personas.

Ir de tiendas en el reinventado barrio musulmán

DISTRITO COMERCIAL

Se puede empezar una sesión de compras en **Haji Lane** (PLANO: 18 p. 62 **A2**), estrecha callejuela peatonal flanqueada por *shophouses* que acogen una ecléctica mezcla de tiendas peculiares, negocios *vintage,* diminutas cervecerías artesanas y numerosas obras de arte callejero.

Aunque los establecimientos van cambiando con frecuencia (probablemente a causa de alquileres exorbitantes), hasta ahora no se han infiltrado cadenas comerciales; la competencia entre diseñadores independientes y encantadoras cafeterías garantiza que siempre haya novedades interesantes.

A una manzana aguarda **Arab Street** (PLANO: 19 p. 62 **B2**), cuyos comercios venden artículos más tradicionales como tejidos, alfombras y bufandas. Se recomienda visitar **Dilip Textiles** (PLANO: 20 p. 62 **B2**), con vistosas y económicas mantelerías estampadas, y **Sifr Aromatics** (PLANO: 21 p. 62 **C2**), perfumería especializada en esencias únicas que deleitan el olfato.

Cuestionar el equilibrio de una estructura singular MEZQUITA

PLANO: 22 p. 62 **F7**

Si el viajero se aleja por Beach Rd en dirección este llegará a la **mezquita Hajjah Fatimah,** edificada en 1846. Este histórico lugar de culto es uno de los pocos de Singapur bautizados en honor a una figura femenina: Hajjah Fatimah, filántropa oriunda de Malaca que encargó su construcción donde antes estaba su hogar.

La mezquita combina los estilos islámico y europeo: sus características más destacadas incluyen una cúpula bulbosa y una balconada de madera de inspiración árabe junto a pilastras y un minarete que parece la aguja de una iglesia y ha otorgado al templo el apodo de "torre inclinada de Singapur" por sus seis grados de desviación.

EL MEJOR ARTE CALLEJERO

Arab Street

véase PLANO: 19 p. 62 **B2**

El elogiado artista singapurense Yip Yew Chong es el autor de un elaborado mural en el nº 92 de Arab St que ilustra vívidamente la rica cultura y herencia de Kampong Glam.

Victoria Street

PLANO: 16 p. 62 **E6**

En esta calle hay creaciones del artista callejero Ernest Zacharevic, apodado "el Banksy malayo"; para admirar otros murales cautivadores de Yip Yew Chong, hay que desviarse por Jln Pisang.

Tekka Centre

véase Tekka Centre

El viajero puede contemplar las numerosas obras de arte que adornan los muros exteriores de este centro antes de aventurarse por las vías adyacentes en busca de más tesoros artísticos.

Sorber fideos PUESTO DE COMIDA

PLANO: 23 p. 62 **F5**

Los vecinos querrían mantener en secreto **Hill Street Tai Hwa Pork Noodle,** puesto de comida en manos de la segunda generación que debe su fama al *bak chor mee* (fideos con carne picada de cerdo) de la cocina teochew, pero resulta imposible desde que obtuvo una estrella Michelin en el 2016 (la única concedida a un establecimiento de este tipo en Singapur). Los boles, disponibles en tres medidas, se llenan de elásticos fideos y tierna carne porcina (incluidas lonchas de hígado) o crujientes bolas de pescado con una salsa a base de vinagre y chile. El local dista 10 min a pie de la estación Lavender del MRT; a veces se forma una larga cola, pero semejante exquisitez merece la espera.

Tomar una copa en una rareza 'art déco' COCTELERÍA

PLANO: 24 p. 62 **D8**

La extravagante coctelería *art déco* **Atlas,** en el inmenso vestíbulo de Parkview Square, teletransporta a la Manhattan de la década de 1920 con opulentos detalles de bronce, espléndidos frescos y cómodos asientos bajo una iluminación tenue. Sin embargo, la protagonista es una torre de 12 m con más de 1300 botellas de ginebra.

Bajo este gigantesco repositorio de ginebra se halla la sala del champán, donde se conservan algunos de los espumosos más caros del mundo. Hasta los clientes más adinerados quedan boquiabiertos ante el "champán del pecio": en 1998 se recuperaron 3000 botellas en perfecto estado de Heidsieck & Co Monopole Goût Américain de 1907 (champán servido también a bordo del *Titanic*) que permanecieron 82 años en una nave hundida a 64 m de profundidad; unas pocas pertenecen a la colección de Atlas, que cobra 190 700 SG$ más impuestos por abrir una.

Es imprescindible reservar, pero quizá se encuentre mesa antes de las 17.00; a partir de esta hora, se exige una vestimenta elegante (nada de pantalones cortos ni chanclas).

Decir "pa-ta-ta" MUSEO

PLANO: 25 p. 62 **E6**

Los amantes de la fotografía deben visitar el **Museo de Cámaras Vintage;** este edificio único con forma de cámara fotográfica acoge una variada colección de clásicos dispositivos y equipos de fotografía.

Desde marcas icónicas hasta perlas raras, el visitante podrá examinar piezas que abarcan distintas épocas y tecnologías, incluidas réplicas fascinantes como la de la cámara Mamut y aparatos punteros como una cámara de 11 gramos; todas ellas, sumadas a lentes, rollos de película y accesorios de época, son ejemplos de innovación y creatividad.

La entrada cuesta 20 SG$ y se debe reservar en línea.

Orar por la buena suerte TEMPLO

PLANO: 26 p. 62 **B7**

El sonido de los *chien tung* (palitos de la fortuna chinos) anuncia la presencia del **templo Kwan Im Thong Hood Cho,** dedicado a la diosa de la misericordia Guan Yin, que atrae a quienes van en busca de buenaventura. Su colorida fachada atestigua la artesanía popular a finales del s. XIX con magníficos techos de pagoda y tallas ornamentales que lucen toda clase de motivos, incluidos dragones, fénix y nenúfares. Junto a la entrada se concentran vendedores de flores que crean una atmósfera aún más colorida.

Calle arriba, los creyentes frotan el vientre de una majestuosa estatua de bronce de **Buda Maitreya** con la esperanza de obtener una dosis extra de suerte. Estos mismos fieles realizan plegarias en el polícromo **templo hinduista Sri Krishnan** de al lado.

Buscar chollos

MERCADILLO

PLANO: 27 p. 62 **C7**

El rincón de Singapur que otrora fue tristemente célebre por actividades sórdidas como el juego y la prostitución se conoce ahora por el **mercadillo de Bugis Street,** cuyos tenderetes atestados de ropa, calzado y accesorios baratos atraen a adolescentes, veinteañeros y cazadores de gangas.

Presenciar el talento local

CENTRO ARTÍSTICO

PLANO: 28 p. 62 **F6**

Enclavado en el distrito histórico de Kampong Glam, el **Aliwal Arts Centre** da nueva vida a la antigua sede de las escuelas Chong Cheng y Chong Pun. Este centro multidisciplinario acoge muchas compañías locales que se dedican a promover y exhibir el talento artístico de los singapurenses mediante conciertos, representaciones y otros eventos que alimentan la energía creativa.

LOS MEJORES CIRCUITOS POR LA ISLA

Para familiarizarse de verdad con el "Pequeño Punto Rojo" (apodo de Singapur), lo mejor es contratar un circuito; se puede elegir entre un montón, incluidos los siguientes:

Jane's SG Tours

Visitas a casas coloniales particulares de color blanco y negro, así como a lugares y festivales únicos.

Betel Box

Legendarios circuitos gastronómicos, incluido el del viernes por la noche ("Sins and Salvation") por las callejuelas del barrio rojo de Geylang.

A Chef's Tour: "Singapore Stories"

Itinerario por los barrios de la ciudad centrado en la comida que deleita la vista y el paladar.

SUGERENCIAS

Lo mejor para...

Localizaciones en el plano de la **p. 62**

$ Económico $$ Medio $$$ Alto

Comer

Delicias típicas

Sri Aachi Aappakadai $
29 A4
Appams (tortitas de arroz) recién hechas con el centro esponjoso y los bordes crujientes gracias a una cocción perfecta; lo mejor es espolvorearlas con coco rallado y azúcar rojo. *6.00-21.00*

Ar Rahman Royal Prata $
véase 29 A4
Puesto del Tekka Centre que prepara unas de las mejores *murtabak* (sabrosas tortitas rellenas) de Singapur; se aconseja pedir la de carne de cordero y acompañarla con un *lassi* del local contiguo. *7.00-22.00 ma-do*

Sungei Road Laksa $
30 D4
Local con una clientela fiel desde hace varias décadas gracias a sus pequeños pero sustanciosos boles de fragante *laksa* al carbón; lo habitual es esperar 15-20 min. *9.30-16.00 ju-ma*

Swee Choon Tim Sum $
31 D3
Alegre y barato establecimiento de *dim sum* que ya no ocupa una, sino cuatro *shophouses;* sus apetitosos bocaditos triunfan entre juerguistas que acuden de madrugada. *7.00-3.30 mi-lu*

Comida india

Mustard $$
32 A3
Restaurante indio de primera categoría en Race Course Rd que se especializa en los sabores de Bengala y el Punyab; muchos de sus ricos platos se cocinan con aceite de mostaza. *11.30-15.00 y 18.00-22.45 lu-do, hasta 16.00 sa*

Lagnaa Barefoot Dining $$
33 B4
Sublime comida casera cuyo nivel de picante se deja a discreción del cliente: el tercero es estándar; el cuarto, elevado; del quinto para arriba, osado. *11.30-22.30 ma-do*

Pasta y 'pizza'

Cicheti $$$
34 C1
Elegante y concurrido restaurante de Kampong Glam que sirve especialidades italianas contemporáneas, *pizzas* al horno de leña y pasta hecha a mano. *12.00-14.30 y 18.00-22.30*

Puffy Bois $$
35 A2
Establecimiento que ha pasado de temporal a permanente en Bali Ln; tras cenar una *pizza* con base de masa madre fermentada 36 h, apetece quedarse a tomar un cóctel. *18.00-24.00 ju-lu*

Tipo Pasta Bar $$
36 F6
Diáfano restaurante que extasía a los comensales con su pasta artesanal; se pueden pedir las propuestas de la carta o creativas versiones personalizadas, siempre ricas en carbohidratos. *11.00-22.00*

Comida de Oriente Medio y mediterránea

Tabbouleh Lebanese Cafe and Restaurant $$

37 B1

Restaurante libanés que satisface a un cliente tras otro con *mezze* (entremeses) y carne a la brasa; el plato combinado permite probar lo más popular. *11.00-23.00*

Beirut Grill $$

38 C2

Animado restaurante que sirve suculentos kebabs asados a la perfección y acoge un espectáculo de danza del vientre cada viernes y sábado por la noche. *11.30-15.30 y 17.30-21.45*

Alaturka $$

39 C2

Generosos platos para compartir de la gastronomía mediterránea y turca; hay que probar los exquisitos *lavash* (pan plano) e *ispanakli pide* (pan con espinacas y queso en forma de barco). *11.30-22.00*

Byblos Grill $$

40 C2

Bañado por una tenue luz azul, este restaurante de ambiente familiar importa todos los ingredientes de Turquía y el Líbano para elaborar platos sumamente frescos y gustosos. *11.00-1.00*

Comida vegetariana y vegana

Komala Vilas $

41 B4

Restaurante informal que goza de buena reputación en Little India desde 1947 por sus auténticas y económicas especialidades vegetarianas del sur de la India, incluidas las finísimas *dosas.* *7.00-22.30*

Ananda Bhavan $

42 A4

Cadena baratísima con numerosas sucursales en Little India donde se pueden pedir tentempiés como *idli* (pastelillos de arroz fermentado) o bandejas *thali* (arroz con varios acompañamientos). *7.00-21.30*

Clover Plant Based Kitchen and Bar $$

43 F6

Local acogedor en el corazón de Kampong Glam que tiene una variada oferta de platos vegetales con un toque asiático; los del apartado de comida callejera salen muy a cuenta. *11.00-22.00 lu-sa*

Momolato $

44 B2

Heladería ecológica en Haji Ln con una amplia selección de sabores aptos para vegetarianos y veganos. *14.00-23.00 do-ju, 12.00-2.00 vi-sa*

Pastelerías

French American Bakery $

45 A2

Un aroma irresistible conduce a esta pastelería de Haji Ln donde preparan tentadoras delicias de inspiración francesa y americana, como pasteles, galletas y bollos. *11.00-18.00*

Mother Dough $

46 E6

Afamada pastelería ante la que se forma cola incluso antes de que abra debido a sus codiciados bollos (en especial, los cruasanes de almendra). *10.00-17.00 ma-do*

Lunar Rabbit Bakery $

47 F2

Al viajero se le hará la boca agua (literalmente) mientras elige entre el divino surtido de cruasanes y brioches artesanales que se expone en la brillante vitrina. *8.30-17.00 ma-do*

Two Bakers $

48 F2

Los pasteleros que trabajan en este moderno y luminoso local se formaron en el instituto parisino Le Cordon Bleu, lo que explica sus exquisitos dulces franceses y de fusión. *9.00-17.00*

Beber

Té

AS Sarabat Stall

véase 29 A4

El viajero descubrirá aquí el arte del *teh tarik*, consistente en tirar el té de jengibre de una taza a otra para crear una espesa capa superior de espuma. *5.00-24.00*

Antea Social

49 E3

Vale la pena saborear con calma las refinadas infusiones de este salón de té contemporáneo elaboradas con hojas de todas partes de Oriente. *11.30-19.00 ma-vi y do, hasta 22.00 sa*

KOI Thé

50 C8

Local especializado en tés de sabores innovadores, como el de burbujas con bolitas de tapioca. *10.00-22.00*

Café

Chye Seng Huat Hardware

51 F1

Una antigua ferretería *art déco* da nombre y emplazamiento a la cafetería más revolucionaria de Singapur, cuya selecta oferta incluye Nitro Cold Brew (café frío con nitrógeno). *8.30-22.00*

Generation Coffee Roasters

véase 29 A4

Puesto de café artesanal en el Tekka Centre que busca el equilibrio entre *kopi* tradicional y moderno, siempre a precios asequibles. *7.00-15.00 lu-sa*

Heap Seng Leong

52 F5

El "café a prueba de balas" es todo un clásico en Singapur: esta veterana cafetería lleva sirviendo *kopi gu you* (café con mantequilla) desde 1974. *5.00-16.00*

Brawn & Brains Coffee

53 F2

Cafetería industrial donde tuestan sus propios granos y sirven *ristretto* doble (o versiones menos fuertes). *9.30-17.30 lu-ma y ju-vi, 9.00-18.00 sa-do*

Cerveza artesana

Druggists

54 E2

Histórica *shophouse* transformada en cervecería con 23 tiradores de variedades artesanas (250 ml o 500 ml); consultar la pizarra porque la oferta va rotando. *16.00-24.00 ma-do*

Good Luck Beerhouse

55 B3

Minúscula cervecería con 12 grifos que sirve las propuestas más recientes de las mejores cervecerías artesanas de Singapur en el callejón de moda Haji Ln. *16.00-24.00 lu-mi, desde 12.00 ju-do*

Copas y música

Blu Jaz

56 B2

Este *pub* bohemio que mezcla la cultura del *jazz* con el ambiente singapurense contemporáneo es uno de los mejores locales de música en directo. *12.00-1.30 do-ju, hasta 2.30 vi-sa*

Whiskey Library & Jazz Club

57 E4

Lujoso bar donde se puede disfrutar de *whisky* aterciopelado y sensuales melodías jazzísticas, especialmente las noches del jueves al sábado.

17.30-22.30 ma-mi y do, hasta 24.00 ju-sa

Coctelerías

Bar Stories

58 A2

Coctelería oculta en una planta superior que goza de suma popularidad pese a sus reducidas dimensiones; se recomienda sentarse a la barra para ver cómo los entusiastas bármanes crean combinados originales. *17.30-22.30 ma-do*

3 of Cups

60 A2

Coctelería que propone un viaje místico con lecturas de las cartas del tarot cada viernes y sábado por la noche. *17.00-22.30 ma-do*

Comprar

Gangas

Kaeru Thrift

61 B3

Económica tienda que renueva continuamente su amplia oferta de prendas de segunda mano importadas de Japón y EE UU. *13.30-19.00 lu-ju, 13.00-20.00 vi-sa, hasta 19.00 do*

Vintagewknd

62 B2

Tienda multicolor que teletransporta a la década de 1970 con su increíble selección de piezas *vintage* y retocadas; cerca se halla el negocio asociado Superwasted. *12.00-21.00*

Fibres Friction

63 A1

El gran atractivo de esta tienda son los percheros con camisetas *vintage* codificadas por colores; las gorras (10 SG$) tampoco están nada mal. *13.00-22.00*

Tejidos y decoración del hogar

Basharahil Bros Batik

64 A1

Vistosos tejidos estampados junto a ropa preciosa en una de las tiendas de batik más antiguas de Singapur. *10.00-17.30 lu-ma y vi-sa, 12.00-17.00 do*

Royal Fabrics

65 B2

Lugar ideal para comprar tradicionales tejidos asiáticos como la seda, el lino y el algodón, que presentan gamas de colores y diseños con influencias de Oriente Medio y Asia meridional. *10.00-18.00 lu-sa*

Haji Tawakal Carpets

66 B2

Establecimiento digno del universo de Aladino repleto de cojines y alfombras con diseños tradicionales y contemporáneos que el personal enseña de buena gana. *10.00-21.00*

Hugge

67 A1

Coqueto negocio basado en el concepto danés de confort, con joyas, bolsos, menaje, artículos de papelería y objetos decorativos expuestos de maravilla. *11.30-17.00 lu-ma, hasta 18.30 mi-sa*

Sugerencias de lugares para comer, beber y comprar en **p. 90**

Explora Orchard Road

En la década de 1830, Orchard Rd era un sendero polvoriento flanqueado por árboles que conducía a huertos y plantaciones de especias; transcurrió casi un siglo antes de que empezara a transformarse y alcanzara fama internacional como paradigma del consumismo moderno.

Gracias al rápido crecimiento económico de Singapur tras la independencia, se produjo un auge de la actividad comercial en esta área, que ahora acoge desde tiendas de diseñadores locales hasta casas de moda internacionales. También alberga algunas joyas culturales, como los tradicionales edificios de Emerald Hill Rd y el Istana (hogar del presidente y museo), pero la gente acude aquí principalmente para ir de compras.

Cómo desplazarse

MRT

Con tres estaciones de metro (MRT) a lo largo de la calle (Orchard, Somerset y Dhoby Ghaut), no hace falta patearla de punta a punta.

Autobús

Muchos autobuses circulan por Orchard Rd, calle de sentido único que lleva hacia el centro urbano; las paradas están en el lado izquierdo.

A pie

Habrá quien prefiera caminar por sus largas e impecables aceras arboladas; en caso de mal tiempo, se puede recurrir a los pasadizos subterráneos que conectan numerosos centros comerciales.

Centro comercial ION Orchard (p. 86).
CHATCHAWAT PRASERTSOM/SHUTTERSTOCK ©

★ LO MEJOR

ÁREA PATRIMONIAL
Emerald Hill Road (p. 88)

'BOUTIQUES'
Design Orchard (p. 86)

MUSEO FASCINANTE
Istana Heritage Gallery (p. 87)

ÁREA DE RESTAURACIÓN
Newton Food Centre (p. 89)

MULTITUD DE TIENDAS
ION Orchard Mall (p. 86)

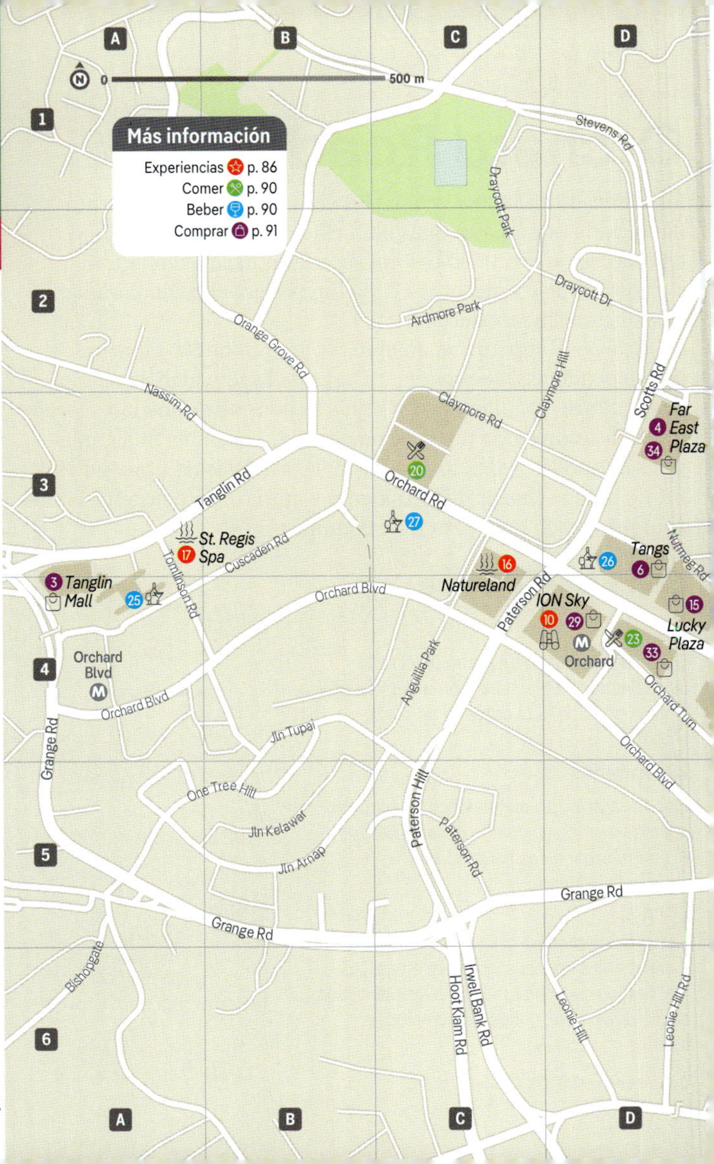
Más información
Experiencias p. 86
Comer p. 90
Beber p. 90
Comprar p. 91
0
500 m
A
B
C
D
1
2
3
4
5
6
Stevens Rd
Draycott Park
Draycott Dr
Ardmore Park
Orange Grove Rd
Claymore Hill
Scotts Rd
Far East Plaza
4
34
Claymore Rd
Nassim Rd
20
Orchard Rd
Tanglin Rd
27
St. Regis Spa
17
Cuscaden Rd
Tangs
26
6
Nutmeg Rd
16
Natureland
Paterson Rd
ION Sky
10
29
15
Lucky Plaza
3
Tanglin Mall
25
Tomlinson Rd
Orchard Blvd
23
33
Orchard
Orchard Turn
Orchard Blvd
Anguillia Park
Orchard Blvd
Jln Tupai
Grange Rd
Orchard Blvd
One Tree Hill
Jln Kelawar
Jln Arnap
Paterson Hill
Paterson Rd
Grange Rd
Grange Rd
Bishopsgate
Irwell Bank Rd
Hoot Kiam Rd
Leonie Hill
Leonie Hill Rd

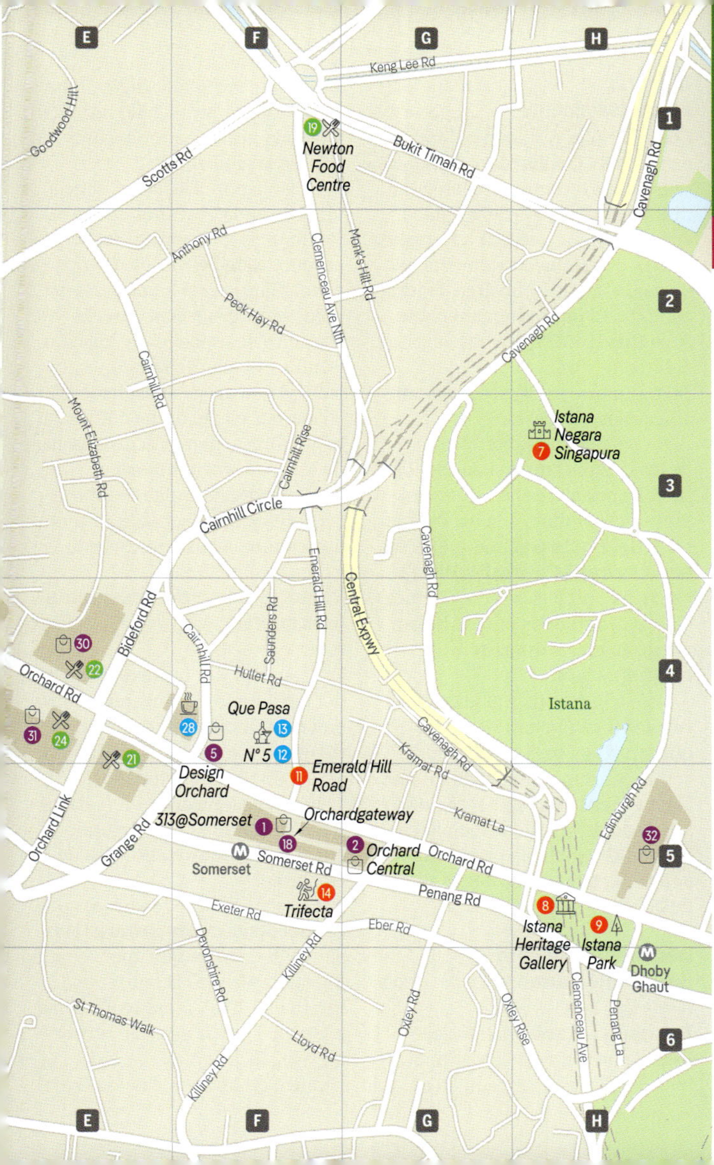
E
F
G
H
1
2
3
4
5
6
Keng Lee Rd
Goodwood Hill
Scotts Rd
19
Newton Food Centre
Bukit Timah Rd
Cavenagh Rd
Anthony Rd
Clemenceau Ave Nth
Monk's Hill Rd
Peck Hay Rd
Cairnhill Rd
Mount Elizabeth Rd
Cairnhill Rise
Cairnhill Circle
Istana Negara Singapura
7
Cavenagh Rd
Emerald Hill Rd
Central Expwy
Saunders Rd
Bideford Rd
30
22
Orchard Rd
Cairnhill Rd
Hullet Rd
Istana
31
24
28
Que Pasa
13
Nº 5
12
5
21
Design Orchard
11
Emerald Hill Road
Cavenagh Rd
Kramat Rd
Edinburgh Rd
Orchardgateway
Kramat La
313@Somerset
1
18
2
Orchard Central
Orchard Rd
32
Orchard Link
Grange Rd
Somerset
Somerset Rd
14
Trifecta
Penang Rd
8
Istana Heritage Gallery
9
Istana Park
Dhoby Ghaut
Exeter Rd
Eber Rd
Killiney Rd
Devonshire Rd
St Thomas Walk
Lloyd Rd
Oxley Rd
Oxley Rise
Clemenceau Ave
Penang La
Killiney Rd

EXPERIENCIAS

Comprar compulsivamente COMPRAS

Con múltiples restaurantes sofisticados, **ION Orchard** (p. 91) sobresale entre los centros comerciales más populares de la zona. Quien viaje con niños puede ir a **Paragon** (p. 91), donde encontrará tiendas de moda infantil y un área de juego cubierta. El impresionante **Ngee Ann City** (p. 91) acoge los negocios habituales y una sucursal de Takashimaya, prestigiosos grandes almacenes japoneses.

En las plantas subterráneas de los centros comerciales de lujo suele haber marcas económicas, presentes también a la luz del día en **313@Somerset** (PLANO: 1 P. 84 **F5**) y **Orchard Central** (PLANO: 2 P. 84 **G5**). Si uno busca tiendas únicas de ropa y artículos para el hogar, puede acudir a **Tanglin Mall** (PLANO: 3 P. 84 **A4**).

Pese a la pompa y el glamur reinantes en Orchard Rd, aún quedan sitios para compradores con un presupuesto ajustado: **Far East Plaza** (PLANO: 4 P. 84 **D3**), algo apartado de la calle principal en Scotts Rd, está lleno de asequibles *boutiques* de moda, salones de belleza y sastrerías.

Descubrir el talento de los singapurenses MODA

PLANO: 5 P. 84 **F4**

Design Orchard, plataforma local de primera categoría, rinde homenaje a la innovación en el diseño y la artesanía singapurenses en un edificio proyectado por WOH, reputada firma de arquitectura con sede en la ciudad.

El Singapore Fashion Council, ubicado en la 1ª planta, reúne 100 marcas que venden desde productos de belleza hasta ropa y mobiliario; es el lugar perfecto para comprar un *souvenir*. El conjunto de espacios de creación, estudios y salas de reuniones de la 2ª planta acoge a diseñadores en ciernes con el fin de cultivar a la próxima generación de estrellas de la moda singapurense.

Al atardecer, se puede subir a la azotea para observar a la gente, que camina a paso apresurado.

Visitar el hogar del presidente (con suerte) PALACIO

PLANO: 7 P. 84 **H3**

El despacho y la residencia oficial del presidente de Singapur se hallan en un magnífico monumento neoclásico rodeado por más de 40 Ha de terrenos cuidados.

El Istana ("palacio" en malayo) fue construido por los británicos entre 1867 y 1869 como Casa de Gobierno.

La estructura se rebautizó como **Istana Negara Singapura** (Palacio del Estado de Singapur) cuando Singapur alcanzó la autonomía interna en 1959, nombre abreviado a Istana a partir del 9 de agosto de 1965, fecha en que se independizó de Malasia; la efeméride se festeja anualmente como Día Nacional de Singapur.

La mayoría de los visitantes solo ven el vigiladísimo acceso principal que da a Orchard Rd, pero cinco veces al año se permite la entrada al público. Las jornadas de puertas abiertas suelen coincidir con las fiestas oficiales, pero es mejor consultar la web istana.gov.sg para obtener confirmación.

Cruzar las formidables puertas del Istana MUSEO

Si el viaje a Singapur no cae en ninguno de los cinco días del año en que el Istana abre al público, es posible echar una ojeada al interior visitando la informativa **Istana Heritage Gallery** (PLANO: 8 P. 84 **H5**). Así, el viajero podrá descubrir la historia del edificio, examinar el libro de visitas, admirar los opulentos regalos recibidos de otros Estados, familiarizarse con los actos celebrados entre sus muros y posar ante una reproducción a escala real de la **sala del este.** Vale la pena buscar la réplica de la estatua de **Mandor** ("supervisor" en malayo,) que ejerce de guardián del palacio. Fuera, el **Istana Park** (PLANO: 9 P. 84 **H5**) a menudo se adorna con flores para conmemorar acontecimientos importantes.

Observar a los compradores a vista de pájaro MIRADOR

PLANO: 10 P. 84 **D4**

Si el viajero se siente en las nubes tras una buena sesión de compras en ION Orchard, puede estarlo de verdad subiendo al **ION Sky,** mirador encaramado en el piso 56º que regala unas vistas de vértigo: en días despejados, se divisan Malasia al norte e Indonesia al sur.

Se aconseja descargar la aplicación ION Sky para identificar los puntos de interés mediante la tecnología de realidad aumentada.

EMBLEMÁTICOS GRANDES ALMACENES

PLANO: 6 P. 84 **D3**

En 1958 hubo un momento crucial en la evolución de Orchard Rd: la inauguración de CK Tang (actualmente, Tangs), primeros grandes almacenes de la zona.

El proyecto concebido por el visionario Tang Choon Keng, que al principio se ganaba la vida como vendedor ambulante en *rickshaw,* contribuyó al notable progreso de Orchard Rd.

El edificio original se inspiró en la Ciudad Prohibida de Pekín. En su reestructuración de 1982, las características tejas verdes y columnatas rojas se integraron a la perfección en Tang Plaza junto con una torre de 33 pisos que imita una pagoda; la torre y los grandes almacenes de cinco plantas a sus pies se han convertido en un símbolo imperecedero de esta icónica calle comercial consolidando Tangs como institución singapurense.

Para asegurarse un sitio (disponibilidad limitada de 12.00 a 16.00), basta tomar el ascensor en la 4ª planta –cerca de Concierge– hasta la planta 1-Ático y mostrar un recibo de una compra efectuada allí el mismo día con un gasto mínimo de 50 SG$, lo que además da derecho a una copa de bienvenida.

Hacer una pausa ARQUITECTURA

Aparte de ir de tiendas, se recomienda pasear por **Emerald Hill Road** (PLANO: 11 P. 84 **F5**), calle con árboles tropicales de perfumadas flores y algunas de las casas adosadas más bellas de Singapur; como casi toda la zona circundante, en su día estaba repleta de huertos y plantaciones de especias que se parcelaron a principios del s. xx.

Vale la pena detenerse ante los edificios del **nº 56,** uno de los más antiguos, levantado en 1902, **nº 39-45,** con fachadas de anchura inusual y una elegante puerta principal de estilo chino, y **nº 120-130,** con detalles *art déco* de 1925.

En el tramo final de esta vía que sale a Orchard Rd hay una serie de bares emplazados en centenarios edificios de uso comercial y residencial que se abarrotan cuando termina la jornada laboral gracias a generosas *happy hours*. Las terrazas de dichos establecimientos son ideales para relajarse tras una intensa sesión de compras; los más populares incluyen **Nº 5** (PLANO: 12 P. 84 **F4**), donde triunfan los cargados martinis de lichi, y **Que Pasa** (PLANO: 13 P. 84 **F4**), refinada enoteca de inspiración ibérica con tapas exquisitas y una extensa carta de vinos.

Cambiar el 'prêt-à-porter' por el deporte PARQUE DE AVENTURAS

PLANO: 14 P. 84 **F5**

Quien no sienta emoción ante la idea de ir de compras agradecerá un subidón de adrenalina en **Trifecta,** centro inaugurado en el 2023 junto a la estación Somerset del MRT, donde aguardan montañas, olas y nieve (bueno, una imitación realista); aquí, los

ÚLTIMO SOLAR DE ORCHARD ROAD POR EDIFICAR

Los turistas a menudo se preguntan por qué la embajada de Tailandia ocupa un espacio tan grande y destacado entre los costosísimos inmuebles de Orchard Rd. Cuentan que, en la década de 1990, quisieron pagar al Gobierno tailandés 139 millones de SG$ por esta parcela de 17 500 m^2, oferta declinada porque vender dicho terreno se habría considerado una falta de respeto a la memoria del reverenciado rey Chulalongkorn (Rama V; 1853-1910), quien supuestamente lo había adquirido por apenas 9000 SG$ en la última década del s. xix; así pues, aquí sigue la embajada, recién renovada y codiciada por los promotores inmobiliarios.

aventureros podrán practicar esquí, *snowboard,* patinaje y surf en pleno centro urbano.

En la **zona de surf** se halla la mayor piscina de olas de Asia, que mide 10 m de anchura y es capaz de generar olas de hasta 1,5 m. Trifecta seducirá a los jóvenes de cuerpo (a partir de los 6 años) y de espíritu.

Mimarse en un 'spa' — 'SPA'

Hay muchos *spas* en la zona donde recuperarse tras una larga jornada de tienda en tienda. En **Lucky Plaza** (PLANO: 15 P. 84 **D4**) trabajan expertas en reflexología que masajean los pies por un módico precio; suelen apretar bastante, así que tocará avisar si uno prefiere una presión más suave.

La sede de **Natureland** (PLANO: 16 P. 84 **C3**) en el nº 541 de Orchard Rd ofrece desde masaje deportivo hasta exfoliación corporal pagando un poco más. Si el dinero no supone un problema, se puede optar por el tratamiento Bastien's Duo, lujoso masaje sincronizado a cuatro manos en **St. Regis Spa** (PLANO: 17 P. 84 **A3**).

Tomar parte en el pasatiempo favorito de la nación — KARAOKE

En los centros comerciales se verán numerosas áreas de ocio que ofrecen KTV (karaoke con TV) a los entusiastas del canto, quienes presumen de su talento vocal en salas temáticas con sistemas audiovisuales de última generación y, por suerte, paredes insonorizadas; se paga por horas, comida y bebida aparte. En **Orchard Central** (p. 86), **Orchardgateway** (PLANO: 18 P. 84 **F5**) y **313@Somerset** (p. 86) no faltarán ocasiones para probar este popular *hobby* singapurense, aunque es buena idea consultar la lista de canciones disponibles antes de entrar.

Picar algo — ÁREA DE RESTAURACIÓN

PLANO: 19 P. 84 **F1**

El **Newton Food Centre,** área de restauración inaugurada en 1971, es tan célebre que hasta apareció en la exitosa película *Crazy Rich Asians* (2018).

Popular entre vecinos y turistas por igual, invita a tomar asiento en un patio interior al aire libre; tras encontrar mesa (y anotar el número por si lo piden para servir la comida), solo quedará elegir entre los más de 100 puestos que preparan exquisiteces.

Destacan **Heng (01-28)**, cuyo inusual pastel de zanahoria merece una oportunidad, **Alliance Seafood (01-27)**, famoso por el cangrejo en salsa de chiles con *mantou* (panecillos fritos) como acompañamiento, **TKR (01-33)**, donde asan a la perfección brochetas de cerdo, cordero y pollo, y **Hup Kee Fried Oyster Omelette (01-73)**, especializado en crujientes tortillas con ostras de considerable tamaño. Hay un puesto que sirve bebidas –cerveza incluida– y camareros que van pasando por las mesas.

SUGERENCIAS

Lo mejor para...

$ Económico $$ Medio $$$ Alto

Localizaciones en el plano de la **p. 84**

Comer

Cafeterías relajantes

Merci Marcel $$
20 C3
Más vale reservar o llegar antes de las 11.30 para sentarse a una de las ventiladas mesas al aire libre de este restaurante francés cuyos vinos y quesos maridan de maravilla. *8.00-23.00 do-lu, hasta 24.00 ma-sa*

Wild Honey $$
21 E4
Popular establecimiento que sirve desayunos inspirados en todos los rincones del globo a cualquier hora; el fin de semana es preciso reservar. *9.00-21.30 do-ju, hasta 22.30 vi-sa*

Privé Paragon $$
22 E4
La terraza a pie de acera de esta cafetería es perfecta para observar a los transeúntes mientras uno devora bocados europeos y asiáticos. *9.00-23.00*

Áreas de restauración fabulosas

Wisma Atria Food Republic $
23 D4
Abundante comida callejera con el confort del aire acondicionado; tras buscar asiento, tocará hacer cola para probar especialidades de todo el mundo. *10.00-22.00*

Takashimaya Food Village $
24 E4
Refinada y extensa área de restauración en el sótano de Takashimaya donde sirven infinidad de especialidades culinarias de Japón y otros países asiáticos. *10.00-21.30*

Food Opera $
véase 29 D4
El sótano del laberíntico ION Orchard acoge exclusivos puestos de comida local en un entorno colonial. *10.00-21.00*

Beber

Coctelerías con clase

Manhattan
25 A4
De visita obligada para los aficionados a los licores selectos, aquí se pueden pedir copas inspiradas en la edad de oro de los cócte-les. *17.00-24.00 ma-ju, hasta 1.00 vi-sa*

Other Room
26 D3
Oculto en el vestíbulo del hotel Singapore Marriott Tang Plaza (hay que llamar al timbre para entrar), este animado bar 'clan-destino' es perfecto para beber hasta las tantas. *18.30-2.30 lu-sa*

Backdrop
27 C3
El experto barman Dario Knox presenta sus cócteles, alejados de los métodos convencionales de preparación. *18.00-2.00 mi-ju y do, 19.00-3.00 vi-sa*

Cafeterías de moda

Alchemist The Heeren

28 F4

Los amantes del café adoran este local minimalista adyacente al centro comercial The Heeren; sus bollos son una delicia. *9.00-20.30*

CMCR On The Go @ Ion Orchard

véase 29 D4

Pequeña pero excelente cafetería ideal para una dosis rápida de cafeína mientras se explora Orchard Rd. *9.30-21.00*

Puzzle Coffee

véase 29 D4

Cadena originaria de Melbourne –ciudad llena de cafeteros– cuya primera sucursal en Singapur se halla en las profundidades de ION Orchard; el Sweet Potato Latte solo se sirve aquí. *9.00-20.00*

Comprar

Marcas locales

Beyond the Vines

véase 31 E4

Este estudio de diseño multidisciplinario, arquetipo de las tendencias singapurenses, vende ropa femenina y masculina, bolsos y productos que representan ciertos estilos de vida; está en los centros comerciales ION Orchard y Takashimaya. *10.00-21.30*

In Good Company

véase 29 D4

Una de las marcas de moda más elogiadas del país, célebre por sus modernas prendas de diseño geométrico para hombre y mujer. *10.00-21.30*

Benjamin Barker

véase 29 D4

Firma de moda masculina cuya sede principal en ION Orchard es todo un ejemplo de estilo; aquí, los caballeros encontrarán trajes y camisas a medida junto con accesorios para lucir atildados. *10.00-22.00*

Centros comerciales gigantescos

ION Orchard Mall

29 D4

Futurista núcleo de la actividad comercial en Orchard Rd con marcas económicas en las plantas inferiores y *boutiques* dignas de Vogue en las superiores. *10.00-22.00*

Paragon

30 E4

No hace falta ser millonario para curiosear en las tiendas del centro comercial más lujoso de la zona. *10.00-22.00*

Ngee Ann City

31 E4

Coloso de mármol y granito con muchos negocios en sus siete pisos. *10.00-21.30*

Plaza Singapura

32 H5

Montones de sitios para comer y comercios de gama media; el lugar triunfa entre los adolescentes por el salón recreativo Timezone, las jugueterías y las tiendas de cómics. *10.00-22.00*

Librerías atractivas

Kinokuniya

véase 31 E4

La librería más grande y completa de Singapur tiene más de 500 000 libros y revistas, así como juguetes coleccionables. *10.00-21.30*

BookXcess

33 D4

Paraíso para los apasionados de la lectura escondido dentro de la sucursal del OCBC Bank que hay en Wisma Atria. *11.00-21.00*

ANA Book Store

34 D3

Librería en la 5ª planta de Far East Plaza que vende títulos de segunda mano, incluidas novelas y cómics antiguos. *12.00-19.00 lu-sa, 13.00-18.00 1er y 2º do del mes*

Sugerencias de lugares para comer, beber y comprar en **p. 102**

Explora
Holland Village, Jardín Botánico y Dempsey Hill

Quizá parezca surrealista, pero a tiro de piedra de la ajetreada y glamurosa Orchard Rd hay una plácida área verde, *boutiques* independientes y establecimientos *gourmet;* lo más destacado de esta yuxtaposición es el Jardín Botánico de Singapur, frondoso oasis declarado Patrimonio Mundial por la Unesco.

Frente a la puerta de Tanglin se extiende la arbolada Dempsey Hill, antiguo cuartel británico que acoge galerías de arte, tiendas chic y de alimentos selectos, y restaurantes exclusivos. Holland Village, más al oeste, se está convirtiendo en una incubadora de talento local.

Cómo desplazarse

MRT

Varias estaciones de metro (MRT) facilitan el acceso a Holland Village y los dos extremos del vasto Jardín Botánico.

Autobús

Las líneas nº 7, 75, 77, 105, 106, 123 y 174 llevan de la estación Orchard del MRT (en Orchard Blvd) a Dempsey Hill, si bien quedará un tramo a pie colina arriba.

Lanzadera

Existe una lanzadera gratuita a Dempsey Hill; se pueden consultar horarios y puntos de recogida en dempseyhill.com/shuttlebusschedule.html.

Jardín Botánico de Singapur (p. 96).
MAREK POPLAWSKI/SHUTTERSTOCK ©

★

LO MEJOR

REFUGIO EXÓTICO
Jardín Botánico de Singapur (p. 96)

ENCLAVE DE MODA
Dempsey Hill (p. 99)

BARRIO COMERCIAL
Holland Village (p. 100)

RESTAURANTE PERANAKAN
Candlenut (p. 102)

TIENDAS DE DISEÑO
Chip Bee Gardens (p. 101)

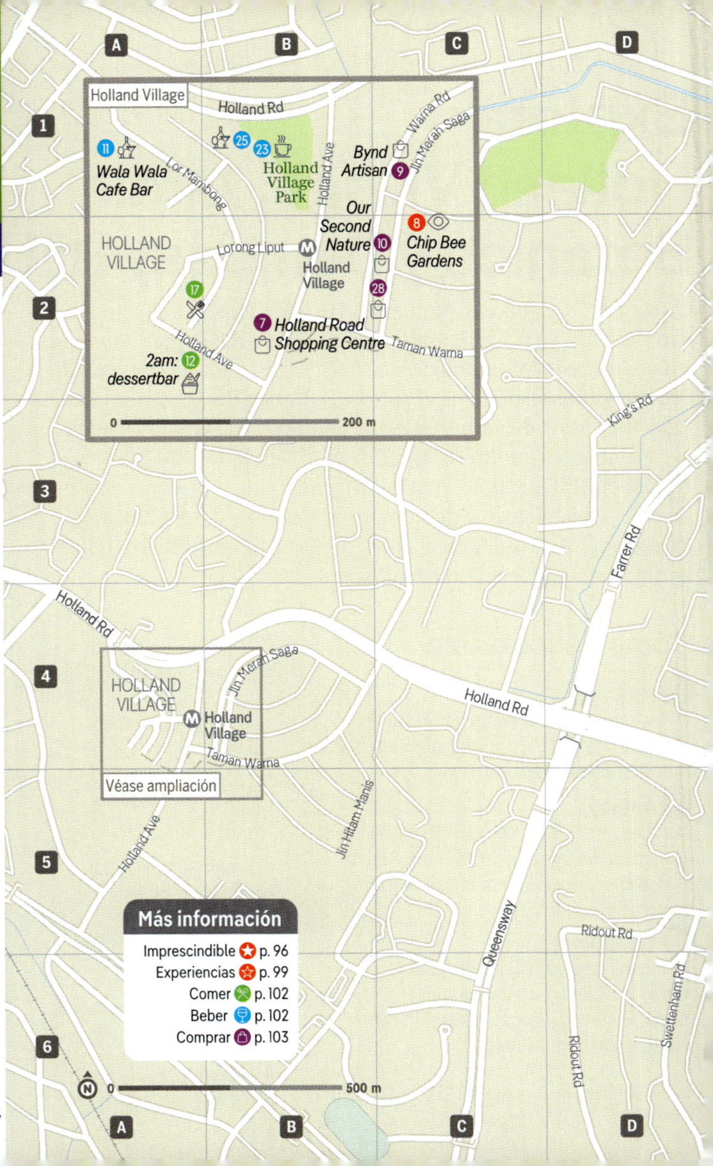
A
B
C
D
1
2
3
4
5
6
Holland Village
Holland Rd
11
Wala Wala Cafe Bar
25
23
Holland Village Park
Lor Mambong
Holland Ave
Warna Rd
Jln Merah Saga
Bynd Artisan
9
Our Second Nature
10
8
Chip Bee Gardens
HOLLAND VILLAGE
Lorong Liput
Holland Village
28
17
7
Holland Road Shopping Centre
Taman Warna
Holland Ave
2am: dessertbar
12
0
200 m
King's Rd
Farrer Rd
Holland Rd
Holland Rd
HOLLAND VILLAGE
Jln Merah Saga
Holland Village
Taman Warna
Véase ampliación
Jln Hitam Manis
Holland Ave
Queensway
Ridout Rd
Swettenham Rd
Ridout Rd
Más información
Imprescindible p. 96
Experiencias p. 99
Comer p. 102
Beber p. 102
Comprar p. 103
N
0
500 m

Dunearn Rd
Adam Rd
Bukit Timah Rd
Botanic Gardens
King's Rd
Farrer Rd
Cluny Park Rd
Jacob Ballas Children's Garden
Fragrant Garden
Healing Garden
Evans Rd
Farrer Rd
Jardín Botánico de Singapur
Botanical Art Gallery
Gallop Rd
Como Adventure Grove
Forest Discovery Centre @ OCBC Arboretum
Tyersall Rd
Lago Symphony
Cluny Rd
Nassim Rd
Singapore Botanic Gardens
Jardín Botánico de Singapur
National Orchid Garden
Lermit Rd
Ginger Garden
Learning Forest
Holland Rd
Tyersall Ave
Cluny Rd
Heritage Museum
Lago Swan
Dempsey Rd
Ridout Rd
DEMPSEY HILL
Holland Rd
Minden Rd
Mr Bucket Chocolaterie
Tanglin Gin
Sherwood Rd
Peirce Rd
Dempsey Rd
Harding Rd
Dempsey Hill
Loewen Rd
Museo del Helado
Chopsuey

★ IMPRESCINDIBLE

Jardín Botánico de Singapur

El primer lugar del país declarado Patrimonio Mundial por la Unesco es un referente en investigación y conservación de plantas en el sureste asiático desde 1875, que encandila al visitante con bosques extensos, jardines temáticos, orquídeas raras y restaurantes al aire libre.

PLANO: P. 94 **G4**

CONSEJO
El Jardín Botánico ocupa nada menos que 82 Ha, por lo que conviene planificar la visita con antelación y tener en cuenta que requerirá al menos una mañana o tarde entera.

Escanea este código QR para descargar un plano del Jardín Botánico.

Jardín Nacional de Orquídeas

El viajero quedará cautivado por la asombrosa variedad de orquídeas presentes en este recinto de 3 Ha: de las más de 1000 especies naturales y 2000 híbridas, se exhiben a la vez unas 600.

El futurista espacio acristalado **Tropical Montane Orchidetum** simula el clima de un bosque de montaña, mientras que el jardín paleotropical **Tan Hoon Siang Mist House** replica las condiciones ambientales de las tierras altas.

No hay que marcharse sin admirar la flor nacional de Singapur: la Vanda Miss Joaquim, orquídea híbrida que Agnes Joaquim creó en su jardín en 1893. En el **Jardín Nacional de Orquídeas** (adultos/niños 15 SG$/gratis) se cultivan y cruzan estas plantas desde 1928.

Jardines temáticos

Es posible ahondar en el mundo de la botánica explorando jardines temáticos que dan muestra de una rica diversidad florística. Se puede empezar por el aromático **Ginger Garden,** con más de 250 especies de la familia Zingiberaceae junto con una cueva oculta tras una cascada y el restaurante **Halia,** donde el protagonista es, precisamente, el jengibre.

El **Healing Garden** (cerrado ma) permite familiarizarse con las plantas medicinales y su histórico uso como remedio. Al atardecer la fragancia de las plantas es muy intensa en el **Fragrant Garden.**

Ecosistemas diferentes

La **Learning Forest,** flamante novedad, abarca 10 Ha con cinco zonas distintas, cada una de fácil acceso por medio de pasarelas elevadas. Destacan **Keppel Discovery Wetlands,** donde se camina sobre un pantano, y **SPH Walk of Giants,** pasarela entablada que alcanza 8 m de altura entre las copas de los árboles.

Al final, lo mejor es relajarse en la Canopy Web, red integrada en la susodicha pasarela entablada que invita a escuchar los sonidos del bosque.

Actividades bajo techo

También hay espacios cerrados donde refugiarse del calor. El **Heritage Museum,** próximo a la puerta de Tanglin, propone inmersivas exhibiciones multimedia que detallan el patrimonio del Jardín Botánico y ofrecen una fascinante visión del pasado.

El **Forest Discovery Centre** (en el Arboreto de OCBC) profundiza en los ecosistemas forestales de Singapur y el papel histórico del Jardín Botánico en su conservación. El **Arboreto de OCBC** alberga una colección de inusuales dipterocarpáceas en la Gallop House nº 5 (Atbara), cerca de la puerta de Gallop.

En la contigua Gallop House nº 7 (Inverturret) se emplaza la **Botanical Art Gallery,** galería que ilustra sobre el importante rol del arte en la documentación científica de las especies vegetales de la región; aquí se halla la primera exposición permanente sobre arte botánico del país, la cual abarca desde acuarelas y dibujos a tinta originales hasta estampados y bloques de impresión.

UNA PAUSA
Cluny Court, frente a la puerta de Bukit Timah (cerca de la estación Botanic Gardens del MRT), acoge múltiples cafeterías; al otro lado de la calle está el área de restauración **Adam Road Food Centre.**

HORARIO
El Jardín Botánico abre de 5.00 a 24.00, pero hay que comprobar en línea los horarios y fechas de cierre de los jardines temáticos y las atracciones; solo se paga entrada en el Jardín Nacional de Orquídeas (excepto los niños).

Cascada, Ginger Garden (p. 96).

VISITAS GUIADAS
Cada sábado (a menos que sea el quinto del mes) se realizan visitas guiadas gratis; basta apuntarse en el mostrador.

Ocio infantil

Quien viaje con niños no debería perderse el **Jacob Ballas Children's Garden** en la parte norte del recinto; este espacio verde cuenta con zonas interactivas relacionadas con la naturaleza, incluido un jardín sensorial. Los más atrevidos lo pasarán genial en el puente colgante, la casa del árbol y la plataforma flotante. Tras sudar la gota gorda, los pequeños podrán refrescarse en el área de juego con agua. Este jardín cierra los lunes y solo permite entrar a los adultos que acompañen a un menor.

En el extremo oeste del Jardín Botánico se encuentra el **Como Adventure Grove,** donde destaca una estructura inspirada en un baniano; con cuerdas de escalada, hamacas y miradores, ayuda a quemar energía durante horas gracias a columpios y un minicircuito de obstáculos.

EXPERIENCIAS

Descubrir Dempsey Hill
OCIO

Frente al Jardín Botánico, al otro lado de Holland Rd, se encuentra **Dempsey Hill** (PLANO: 1 P. 94 F6), colina con un antiguo puesto militar de la época colonial cubierto de vegetación tropical y salpicado de restaurantes lujosos y sublimes galerías de arte que atraen a expatriados y singapurenses adinerados. Esta parte de la ciudad en pleno entorno boscoso es menos residencial, algo comprensible sabiendo que acogía un cuartel.

Algunos sitios populares para almorzar son el monocromático **Dempsey Cookhouse & Bar** (p. 103) y el vecino restaurante de cocina peranakan **Candlenut** (p. 102), galardonado con una estrella Michelin por la mezcla de platos tradicionales y contemporáneos de fusión china y malaya que propone el chef singapurense Malcolm Lee.

Se aconseja deleitarse con *yum cha* en **Chopsuey** (PLANO: 2 P. 94 F6), local de atmósfera colonial que nunca pasa de moda. Si apetece algo dulce de postre, se puede satisfacer el antojo en **Mr Bucket Chocolaterie** (PLANO: 3 P. 94 F6), cuyo irresistible chocolate artesanal se elabora con granos de cacao procedentes de fincas asiáticas sostenibles.

Pasear en torno a casas patrimoniales
ARQUITECTURA

PLANO: 4 P. 94 F6

La bajada desde Dempsey Hill por Loewen Rd termina en **Ridley Park,** área residencial bautizada en honor a Henry Ridley, primer director del Jardín Botánico.

Al recorrer la pintoresca vía circular homónima se entrevén los famosos bungalós de color blanco y negro; dichas viviendas, donde se alojaban los oficiales británicos que supervisaban los barracones adyacentes, se alquilan ahora al mejor postor.

Los amplios jardines que suelen tener estos hogares van muy buscados; sin embargo, el inquilino debe

TANGLIN BARRACKS

Construido en 1861, Tanglin Barracks (actualmente, Dempsey Hill) fue uno de los primeros cuarteles de Singapur. Las elevadas estructuras de madera originales con techos de *attap* (palmera del azúcar) podían albergar 50 hombres. Las instalaciones incluían salas de hospital, lavanderías, cocinas, una escuela y oficinas. Durante la exhaustiva renovación llevada a cabo entre 1934 y 1936, se sacrificaron las diáfanas verandas para ganar espacio interior, pero se conservaron las tejas francesas que habían reemplazado la techumbre de paja original. Tras más de un siglo como puesto militar británico, los barracones acogieron la sede del Ministerio de Defensa de 1972 a 1989.

instalar muchos servicios (como el aire acondicionado, la piscina y, a veces, el sistema de agua caliente) y desinstalarlos cuando finaliza el arrendamiento.

Disfrutar de un festín para todos los sentidos OCIO

PLANO: 5 P. 94 **F6**

Existe un vivo contraste entre la estética blanca y negra de Dempsey Hill y el rosa psicodélico del **Museo del Helado,** fantástico lugar que ofrece un viaje multisensorial a los aficionados al helado y la fotografía.

El visitante podrá entretenerse con muestras interactivas, zambullirse en la mayor piscina de grana de Asia y zampar todo el helado que quiera; los sabores son exquisitos, desde *bandung* (bebida a base de leche y agua de rosas) al lichi hasta coco rosa y *pulut hitam* (arroz negro glutinoso).

Esta sede –el museo se fundó en Nueva York en el 2016– rinde homenaje a la cultura singapurense mediante instalaciones como TheScoop, inspirada en los clásicos parques infantiles con forma de dragón que se pusieron de moda en la década de 1970. No cabe esperar una experiencia didáctica, sino un momento de pura diversión para niños y adultos.

Probar ginebras especiales DESTILERÍA DE GINEBRA

PLANO: 6 P. 94 **F6**

Los mayores de 18 años que busquen una auténtica experiencia singapurense pueden acudir a **Tanglin Gin,** destilería oculta en la arbolada Dempsey Hill donde los entendidos en ginebra se dan cita para degustar sabores inolvidables. El viajero puede participar en un circuito por la destilería o en una clase magistral de coctelería; se recomienda catar exclusivas bebidas alcohólicas como Orchid Gin, con notas de la orquídea *Vanilla planifolia,* o Black Powder Gin, reservada a los paladares más osados.

Ir de compras BARRIO

Al oeste de Dempsey Hill se halla Holland Village, lujoso distrito en que la unión de la comunidad local e internacional crea un cosmopolita ambiente de pueblo. El viejo **Holland Road Shopping Centre** (PLANO: 7 P. 94 **B2**) sigue siendo un referente comercial, con una diversa selección de objetos artísticos, artesanías, artículos para el hogar y productos de estética.

Sus dos plantas albergan gran variedad de establecimientos, incluidos salones de uñas, peluquerías y centros de masajes. Quien desee comprar un *souvenir* único debería entrar en **Lim's** (p. 103), negocio rebosante de menaje de inspiración asiática, o en **Independent Market** (p. 103), ecléctica tienda que ofrece una encantadora lección sobre humor singapurense.

Apreciar el diseño local COMPRAS

En Jln Merah Saga, poco después de cruzar Holland Ave, aguarda **Chip Bee Gardens** (PLANO: 8 P. 94 **C2**), área más tranquila de Holland Village salpicada de coquetas cafeterías al aire libre; tras beber una taza con calma, no está de más curiosear un rato en galerías y *boutiques* de diseñadores locales.

La sofisticada **Bynd Artisan** (PLANO: 9 P. 94 **C1**) vende artículos únicos de papelería, marroquinería y joyería, además de organizar un taller para aprender a personalizar los productos.

Cerca de allí, la *boutique* local **Our Second Nature** (PLANO: 10 P. 94 **C2**) se especializa en prendas ligeras y fluidas para el día a día, donde cada diseño cuenta una historia a través de estampados exclusivos creados en su propio estudio.

Atelier Ong Shunmugam (p. 103), tienda con aspecto de galería, pertenece a Priscilla Shunmugam, una de las diseñadoras más prometedoras de Singapur.

Salir de noche ZONA DE BARES

Al atardecer, cuando termina la jornada laboral, Lorong Mambong –arteria que atraviesa Holland Village– atrae a un gentío que se agolpa en sus bares y restaurantes e invade la calle aprovechando la *happy hour;* p. ej., el **Wala Wala Cafe Bar** (PLANO: 11 P. 94 **A1**) está siempre abarrotado gracias a sus torres de cerveza y enormes pantallas para ver deporte.

Los golosos llorarán de alegría al hincar el diente en los refinados postres de **2am: dessertbar** (PLANO: 12 P. 94 **A2**), atrayente y evocador local escondido al final de Lorong Liput que impresiona con obras maestras como el helado de *kaya* (mermelada de coco y huevo) con esponja de pistacho; la mente creativa que hay detrás de estas propuestas es la elogiada chef singapurense Janice Wong.

BLANCO Y NEGRO

Los bungalós de Singapur, llamados así por las casas típicas de Bengala, suelen tener dos plantas y grandes verandas en la superior. La mayoría se edificaron siguiendo el estilo "blanco y negro", el cual se inspiró en el neotudor con vigas a la vista adoptado entre finales del s. XIX y la II Guerra Mundial. Su diseño se vio muy influido por el movimiento Arts and Crafts, que se originó en Inglaterra en la década de 1860 y volvió a dar valor a la artesanía como respuesta a la rápida industrialización del país. En la década de 1930, el estilo neotudor dejó paso al "*art déco* tropical" caracterizado por techos planos, esquinas curvas y un simplificado diseño horizontal.

SUGERENCIAS

Lo mejor para...

$ Económico $$ Medio $$$ Alto

Localizaciones en el plano de la **p. 94**

Comer

Restaurantes de categoría

Claudine $$$
13 **G6**
La capilla de Ebenezer construida en Dempsey Hill en la década de 1930 ha renacido como moderna *brasserie* francesa especializada en pescado y marisco. *11.45-14.00 lu-vi, 11.30-15.00 sa-do, 18.00-22.00 lu-do*

Candlenut $$$
14 **F6**
Refinado restaurante de cocina peranakan con una estrella Michelin. *12.00-15.00 y 18.00-22.00*

Burnt Ends $$$
15 **E6**
Los amantes de la barbacoa quedarán plenamente satisfechos (si logran encontrar sitio). *12.00-14.30 ju-sa y 18.00-23.00 ma-sa*

Min Jiang at Dempsey $$$
16 **E6**
Se aconseja reservar mesa en este restaurante de Dempsey Hill para almorzar un exquisito *dim sum. 11.30-14.30 y 18.30-22.30*

Tentaciones dulces

Island Creamery $
véase 7 **B2**
Muchos vecinos hacen cola aquí por los helados recién hechos, algunos de sabores locales como el *teh tarik* (dulce y especiado té indio). *12.00-21.00*

Tai Cheong Bakery $
17 **A2**
Pastelería fundada en Hong Kong que triunfa con sus tartaletas de huevo. *10.00-20.30 lu-ju, hasta 21.00 vi, 9.00-21.00 sa, hasta 20.30 do*

Burnt Ends Bakery $$
véase 15 **E6**
Más vale llegar temprano para poder elegir el relleno de sus irresistibles berlinesas. *8.00-16.00 ju-do*

Recetas tradicionales

Samy's Curry Restaurant $$
18 **F6**
Institución local que sirve soberbios y asequibles platos indios desde 1950, incluido el excepcional curri de cabeza de pescado. *11.00-15.00 y 18.00-22.00 mi-lu*

Selera Rasa Nasi Lemak $
19 G1
Puesto (01-02) que, según los lugareños, prepara el mejor *nasi lemak* (arroz con coco acompañado de anchoas fritas, cacahuetes y curri). *7.00-17.00 lu-ju, hasta 15.00 sa-do*

Long Beach Seafood $$$
20 **F6**
Los comensales se acomodan en la veranda y contemplan la vegetación tropical mientras degustan cangrejo a la pimienta negra. *11.00-15.00 y 17.00-23.30 lu-vi, 11.00-23.30 sa-do*

Beber

Café

Atlas Coffeehouse
21 **F1**
Establecimiento de estilo industrial que debe su

fama al café preparado a la perfección; las estimulantes infusiones frías refrescan el paladar. *8.00-19.00 ma-do*

Bee's Knees

22 **G2**

Local idóneo para una dosis de cafeína durante la visita al Jardín Botánico. *8.00-18.00*

Craftsmen Coffee

23 **B1**

Café para todos los gustos gracias a granos de origen único cultivados en fincas de todo el globo. *8.30-20.00 do-ju, hasta 22.00 vi-sa*

Bebidas alcohólicas

RedDot Brewhouse

24 **F6**

Popular establecimiento que lleva años sirviendo cervezas artesanas, incluida una *lager* verde con espirulina. *11.30-22.00 lu, hasta 22.30 ma-ju y do, hasta 23.00 vi-sa*

Dempsey Cookhouse & Bar

véase 14 **F6**

El lujoso bar de la monocromática Dempsey Cookhouse destaca por sus cócteles; el lunes es noche de martinis. *18.00-23.30 do-ju, hasta 24.00 vi-sa*

Le Bon Funk

25 **B1**

Enoteca de inspiración europea en un entorno tropical con una de las mejores cartas de vinos naturales de Singapur; los asientos frente a la barra o junto a la ventana van muy buscados. *17.00-22.00 ma-vi, desde 12.00 sa-do*

Comprar

Prendas de diseño

Dover Street Market

26 **F6**

Fundada por la diseñadora de *Comme des* Garçons Rei Kawakubo y su marido, esta *concept store* está llena de marcas de *haute couture* y *streetwear. 11.00-20.00*

Kids 21

27 **F6**

Ropa y accesorios de diseño para menores de 12 años. *11.00-20.00*

Atelier Ong Shunmugam

28 **C2**

El atelier de Priscilla Shunmugam, una de las diseñadoras más prometedoras de Singapur, sorprende tanto como sus modernas interpretaciones de los vestidos asiáticos. *12.00-19.00 ma-sa con cita*

rue Madame

29 **G1**

Cuidada *boutique* con un parisino toque chic que vende prendas de marcas europeas en el centro comercial de barrio Cluny Court. *10.00-21.00*

Recuerdos

Independent Market

véase 7 **B2**

Peculiares regalos y artículos para el hogar de temática singapurense; los dependientes sabrán explicar las referencias humorísticas. *10.00-19.30*

Lim's Holland Village

véase 7 **B2**

Menaje de inspiración asiática, desde armarios de boda chinos hasta lámparas en jarrones de cerámica; la mayoría de los objetos son nuevos y de precio justo. *10.00-20.00*

Lemongrass & Aubergine

véase 29 **G1**

Montones de objetos funcionales y decorativos típicos de Singapur, desde trapos de cocina hasta cristalería y pósteres *vintage. 10.00-19.00*

Sugerencias de lugares para comer, beber y comprar en **p. 114**

Explora
Oeste y suroeste de Singapur

Pese al programa de planificación urbana Garden City, aún quedan terrenos silvestres en la parte oeste y suroeste de la isla, subestimada región con reservas naturales ideales para aficionados al excursionismo y la observación de flora y fauna.

Históricamente, el oeste de Singapur permaneció aislado del desarrollo que experimentó el centro. En la década de 1970 se llevó a cabo una deforestación de la zona debido a la expansión industrial y residencial. Hoy, este distrito es el motor productivo del país e invita a explorar lugares en plena naturaleza que contrastan con el núcleo metropolitano.

Cómo desplazarse

En esta extensa zona no todos los puntos de interés son de fácil acceso en transporte público; conviene agruparlos para invertir menos tiempo en trayectos.

MRT
Esta vasta área no está mal comunicada en metro (MRT), pero la situación mejorará cuando se completen las líneas en construcción.

Taxi
Es lo mejor para llegar a los rincones más apartados.

Lanzadera a Kranji
Los fines de semana y festivos parte una lanzadera de la estación Kranji del MRT que enlaza con el área rural circundante.

Southern Ridges (p. 108).
OLIVER FOERSTNER/SHUTTERSTOCK ©

LO MEJOR

EXCURSIONISMO
Southern Ridges (p. 108)

RESERVA NATURAL
Reserva del Humedal Sungei Buloh (p. 112)

PARQUE TEMÁTICO
Haw Par Villa (p. 110)

MUSEO DE GUERRA
Reflections at Bukit Chandu (p. 109)

DESTILERÍA DE GINEBRA
Brass Lion Distillery (p. 112)

Chinese Garden
Jardín ribereño
Jardín chino
Jardines Nacionales del Lago Jurong
Jardín japonés
Bukit Batok Rd
Jurong East
Commonwealth Ave
Jurong Town Hall Rd
Centro de Ciencias de Singapur
Ayer Rajah Expwy (AYE)
BUKIT BATOK
Pan Island Expwy
West Coast Rd
Embalse Pandan
Jln Buroh
Commonwealth Ave
Clementi
Clementi Rd
Ayer Rajah Expwy (AYE)
West Coast Hwy
Museo de la Universidad Nacional de Singapur (NUS)
Museo de Historia Natural Lee Kong Chian
Pasir Panjang Rd
West Coast Hwy
Isla de Jurong
TERMINAL PASIR PANJANG
Canal de Sebarok
Más información
Experiencias p. 110
Comer p. 114
Beber p. 115
Comprar p. 115
0
2 km

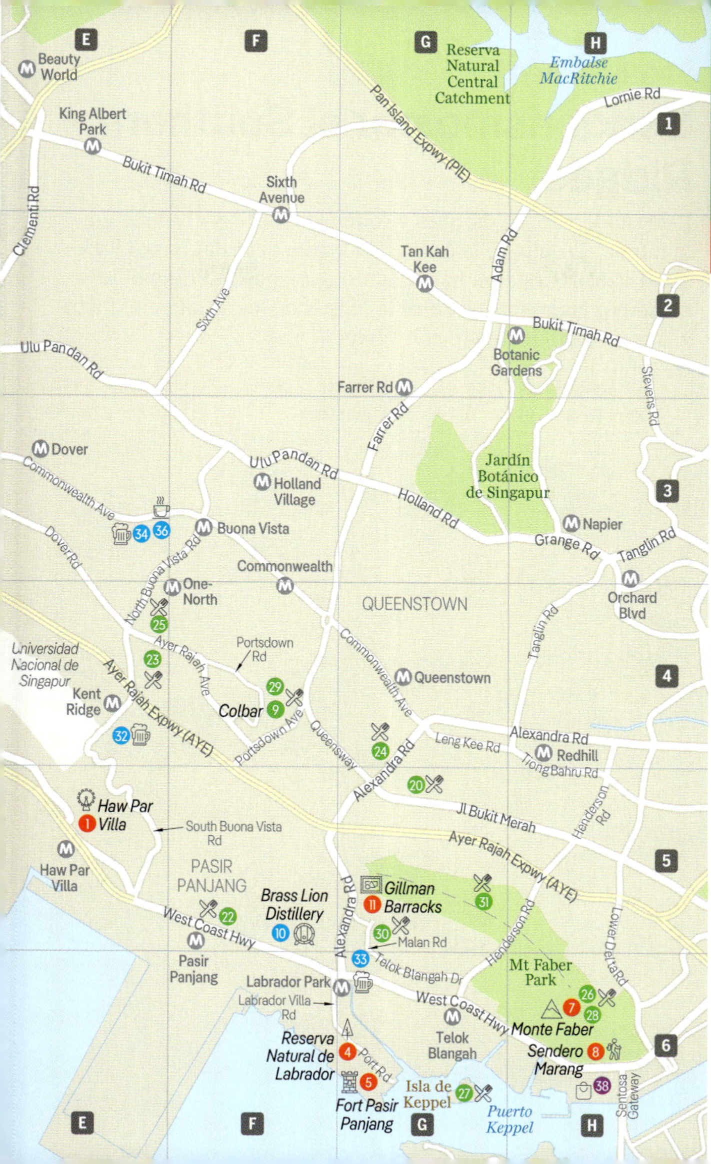
E
F
G
H
1
2
3
4
5
6
Beauty World
King Albert Park
Bukit Timah Rd
Clementi Rd
Sixth Avenue
Reserva Natural Central Catchment
Embalse MacRitchie
Lornie Rd
Pan Island Expwy (PIE)
Tan Kah Kee
Adam Rd
Sixth Ave
Ulu Pandan Rd
Bukit Timah Rd
Botanic Gardens
Stevens Rd
Farrer Rd
Farrer Rd
Dover
Commonwealth Ave
Ulu Pandan Rd
Holland Village
Holland Rd
Jardín Botánico de Singapur
Napier
Grange Rd
Tanglin Rd
Dover Rd
34
36
Buona Vista
Commonwealth
North Buona Vista Rd
One-North
QUEENSTOWN
Orchard Blvd
25
Ayer Rajah Ave
Portsdown Rd
Tanglin Rd
Universidad Nacional de Singapur
23
Ayer Rajah Expwy (AYE)
Commonwealth Ave
Queenstown
Kent Ridge
29
Colbar
9
Portsdown Ave
Queensway
32
24
Alexandra Rd
Leng Kee Rd
Alexandra Rd
Redhill
Tiong Bahru Rd
20
Haw Par Villa
1
South Buona Vista Rd
Jl Bukit Merah
Henderson Rd
Ayer Rajah Expwy (AYE)
Haw Par Villa
PASIR PANJANG
Alexandra Rd
Gillman Barracks
11
31
Brass Lion Distillery
22
West Coast Hwy
10
30
Malan Rd
Henderson Rd
Lower Delta Rd
Pasir Panjang
33
Telok Blangah Dr
Mt Faber Park
Labrador Park
Labrador Villa Rd
West Coast Hwy
26
7
28
Monte Faber
Reserva Natural de Labrador
4
Port Rd
Telok Blangah
Sendero Marang
8
5
Isla de Keppel
27
38
Sentosa Gateway
Fort Pasir Panjang
Puerto Keppel

CIRCUITO A PIE

Senderismo por el Southern Ridges

Este sendero entre parques y colinas permite adentrarse en la jungla sin salir de la ciudad. El tramo del Kent Ridge Park al Mt Faber Park es el mejor, tanto por su escasa dificultad como por las pasarelas entre las copas de los árboles, las vistas y el espectacular Henderson Waves.

INICIO	FINAL	DURACIÓN
Kent Ridge Park	Mt Faber Park	5,6 km; 2 h

1 Conmovedor museo bélico

En el apacible **Kent Ridge Park**, una pasarela elevada entre el dosel arbóreo conduce al **Reflections at Bukit Chandu,** un pequeño pero impactante museo que narra cómo el Regimiento Malayo plantó cara a los invasores nipones durante la batalla de Pasir Panjang en 1942 (p. 111).

2 De jardín en jardín

Colina abajo se halla el **Hort Park,** dividido en cinco zonas con jardines temáticos, áreas de juego, sitios para comer e innovadores invernaderos que sirvieron como prototipos para los más famosos que se instalaron en los Jardines de la Bahía.

3 Entre árbol y árbol

A continuación hay que cruzar el **Alexandra Arch,** puente de 80 m de longitud similar a una hoja que se despliega, y continuar por el **Forest Walk,** pasarela elevada en un bosque que ha atraído a más de 200 especies de aves.

4 Jardín colorido

Más adelante se llega al Telok Blangah Hill Park y su pintoresco **Terrace Garden,** donde las buganvillas aportan un toque de color a terrazas semicirculares que regalan vistas de 360°.

5 Picoteo

Tras matar el gusanillo en el **Wildseed Cafe,** cafetería emplazada en la Mansión Alkaff (bungaló colonial magníficamente restaurado), se pueden admirar árboles de inusual tamaño en el Bosque de los Gigantes.

6 Puente ondulado

A tiro de piedra aguarda una ondulada maravilla arquitectónica de 36 m de altura que atraviesa Henderson Rd: se trata del **Henderson Waves,** el puente peatonal más elevado de Singapur y gran atractivo del Southern Ridges.

7 Pico con vistas

Al otro lado del puente se extiende el antiguo **Mt Faber Park,** bautizado como el monte que brinda vistas panorámicas de la costa meridional; desde la cima, se puede descender a pie por el sendero Marang, en taxi o en teleférico.

EXPERIENCIAS

Visitar Haw Par Villa

PARQUE TEMÁTICO

PLANO: 1 P. 106 **E5**

El **Haw Par Villa** pertenecía a Aw Boon Haw y Aw Boon Par, hijos del creador del popular Bálsamo de Tigre. Este parque temático, llamado originalmente Tiger Balm Garden, refleja la pasión de la familia por la cultura china ilustrando su ética y folclore a través de extravagantes dioramas y esculturas, incluidas unas zoomorfas muy extrañas.

La entrada es gratuita a excepción del **Museo del Infierno** (adultos/niños 18/10 SG$), donde la horripilante y desconcertante exposición "Ten Courts of Hell" representa las crueles torturas reservadas a los pecadores cuando mueren (no apta para todo el mundo).

Culturizarse

MUSEOS

El campus de la **Universidad Nacional de Singapur** acoge dos museos infravalorados. Uno –recomendable si se viaja con niños– es el puntero **Museo de Historia Natural Lee Kong Chian** (PLANO: 2 P. 106 **D4**), cuya sede parece una roca gigante cubierta de vegetación.

La **Galería de la Biodiversidad** ahonda en el origen de la vida mediante fósiles, animales disecados y muestras interactivas; resulta imposible no ver los esqueletos de *Prince, Apollonia* y *Twinky,* tres saurópodos de la familia Diplodocidae que vivieron hace 150 millones de años. En la planta superior, la **Galería del Patrimonio** analiza cómo se formó la colección en el s. XIX con una sección adicional sobre las características geológicas de Singapur.

El contiguo **Museo de la Universidad Nacional de Singapur (NUS)** (PLANO: 3 P. 106 **D4**) alberga más de 8000 obras de arte y objetos que abarcan desde antigua cerámica china y clásicas estatuas indias hasta piezas contemporáneas del sureste asiático. Una galería se dedica al principal artista moderno singapurense, Ng Eng Teng, quien se especializó en escultura figurativa.

Desvelar secretos

NATURALEZA

Con solo 10 Ha, la **Reserva Natural de Labrador** (PLANO: 4 P. 106 **G6**) es pequeña pero tiene mucho que ofrecer. Los amantes de la naturaleza apreciarán el único acantilado rocoso que se asoma al mar y las tres pasarelas entabladas que serpentean entre manglares y bosques, mientras que los apasionados de la historia querrán explorar los restos del **Fort Pasir Panjang** (PLANO: 5 P. 106 **G6**), cuya artillería defendió el cercano canal Keppel.

Aprender y jugar

MUSEO

PLANO: 6 P. 106 **B1**

En el **Centro de Ciencias de Singapur** hay más de 20 galerías interactivas que se centran en temas variados como el ecosistema, la anatomía humana y las ilusiones ópticas, con exhibiciones y demostraciones que ofrecen una experiencia electrizante.

El **Omni-Theatre** cuenta con una gigantesca pantalla IMAX; el **Snow City** es perfecto para escapar del calor y la humedad con nieve artificial y temperaturas bajo cero; y el **KidsSTOP** hace las delicias de los menores de 8 años.

Subir en teleférico al monte Faber

TELEFÉRICO

El **monte Faber** (PLANO: 7 P. 106 **H6**), donde hubo una estación de señales y una fortificación defensiva, es idóneo para observar a vista de pájaro la costa meridional de Singapur. La cima se ubica en un extremo del sendero Southern Ridges (p. 108), pero la mayoría lo visitan para montar en el teleférico que enlaza con HarbourFront y la isla Sentosa.

Durante el recorrido se avistarán bungalós coloniales de color blanco y negro en la boscosa ladera que contrastan con los lujosos complejos de apartamentos del paseo marítimo. En la cima del monte hay restaurantes muy concurridos al atardecer. Quien prefiera no tomar el teleférico puede ir en taxi hasta la cumbre o coronarla a pie por el **sendero Marang** (PLANO: 8 P. 106 **H6**).

Picar y tomar algo en una antigua cantina

LOCAL CON HISTORIA

PLANO: 9 P. 106 **F4**

Al sur de Holland Village, en Wessex Estate, se encuentra **Colbar,** antigua cantina para oficiales británicos transformada en un antro que evoca la década de 1950, con un cajón para guardar el dinero, fotos de equipos de fútbol en las paredes y vecinos que beben cerveza y sidra a buen precio en una espaciosa veranda.

Entre los platos destacan el arroz con pollo al curri y la chuleta de cerdo empanada. Para llegar, basta tomar el autobús nº 191 en la estación Buona Vista del MRT y bajar en la octava parada: Colbar queda a mano derecha tras girar por Whitchurch Rd. La cocina cierra a las 20.30.

LA BATALLA DE OPIUM HILL

El nombre de Opium Hill (en malayo, Bukit Chandu), colina que se alza en Pasir Panjang Ridge (actualmente, Kent Ridge), deriva de la fábrica de procesamiento de opio que se ubicaba a sus pies. La batalla de Pasir Panjang se libró del 13 al 15 de febrero de 1942 durante la defensa de Singapur en la II Guerra Mundial: las fuerzas niponas querían abrir brecha en las fortificaciones de los Aliados a lo largo de la costa occidental de la isla; el Regimiento Malayo, compuesto por soldados locales, opuso una heroica resistencia, pero no logró evitar la victoria japonesa.

Saborear ginebra DESTILERÍA

PLANO: 10 P. 106 **F5**

La **Brass Lion Distillery,** pionera en la destilación de ginebra, lidera la revolución de los cócteles que tiene lugar en la isla. En la sede de Alexandra Tce es posible catar ginebras de producción nacional, incluidas la azulada Butterfly Pea Gin y la emblemática Singapore Dry Gin elaborada con 22 ingredientes botánicos de origen local, algunos de ellos propios de Asia como el limoncillo, la flor del bastón de emperador y el *galangal.* El visitante puede participar en circuitos guiados y degustaciones, y destilar su propia botella.

Pasar una tarde en Gillman Barracks OCIO

PLANO: 11 P. 106 **G5**

Construido en 1936 como campamento militar británico, **Gillman Barracks** es ahora un laberíntico espacio con más de 20 restaurantes, cafeterías y galerías de arte en un entorno verde. A los entusiastas de los vehículos de dos ruedas les encantará el despliegue de motos y bicis en **Southern Depot.**

Deambular por jardines lacustres JARDINES

Los flamantes **Jardines Nacionales del Lago Jurong** (PLANO: 12 P. 106 **A1**) son accesibles desde las estaciones Chinese Garden y Lakeside del MRT. El vasto **jardín ribereño** (PLANO: 13 P. 106 **A1**), en la orilla occidental, presume de numerosos atractivos, desde sinuosas pasarelas entabladas y áreas de juego hasta hábitats naturales como manglares, arroyos y prados.

En el momento de redactar esta guía, el **jardín chino** (PLANO: 14 P. 106 **A1**) y el **jardín japonés** (PLANO: 15 P. 106 **A1**) aún no estaban abiertos al público.

Observar aves RESERVA NATURAL

PLANO: 16 P. 106 **D1**

Los observadores de aves se agolpan en la **Reserva del Humedal Sungei Buloh,** hogar de más de la mitad de las especies de aves de Singapur y refugio para muchas migratorias; la mejor época para avistarlas es de septiembre a marzo. Con más de 200 Ha protegidas que abarcan marismas, manglares, estanques y bosques, los visitantes pueden andar por pasarelas entabladas con la esperanza de ver también peces del fango, varanos y algún que otro cocodrilo marino.

La cercana reserva natural de **Kranji Marshes** acoge uno de los mayores pantanos de agua dulce de la isla; es buena idea subir a la **Torre Raptor** para contemplar el panorama circundante y atisbar pájaros poco comunes durante la temporada de migración de las rapaces (nov-mar).

Honrar a los caídos MONUMENTO CONMEMORATIVO

PLANO: 17 P. 106 **D1**

Las austeras estructuras blancas y onduladas laderas que conforman el **monumento de guerra de Kranji** albergan las tumbas de miles de soldados aliados; las lápidas, muchas de las cuales presentan la simple inscripción "un soldado de la guerra librada entre 1939 y 1945", se distribuyen en hileras ordenadas sobre el césped.

En las paredes figuran los nombres de 24 000 hombres y mujeres que perdieron la vida en el sureste asiático; los registros se pueden consultar libremente.

Familiarizarse con la vida campesina

GRANJAS

PLANO: 18 P. 106 **D1**

En un país donde escasean las tierras de labranza, sorprende poder visitar fincas agrícolas. El **área rural de Kranji,** en la esquina noroccidental de Lim Chu Kang, acoge una agrupación de granjas que permite descubrir el lado menos metropolitano de Singapur.

En **Hay Dairies,** única explotación donde se crían cabras, se puede beber leche caprina fresca, asistir al ordeño diario y dar de comer a los animales. El viajero también puede vagar por los cultivos y senderos de la ecológica **Bollywood Farms** y darse un festín con productos de km 0 en **Poison Ivy Bistro.** Luego quedará admirar las peceras con especies ornamentales de la **piscifactoría Qian Hu** y tratar de capturar especímenes pequeños con una red, alimentar carpas *koi* o dejarse hacer la pedicura por pececitos.

Los fines de semana y festivos circula una lanzadera que parte de la estación Kranji del MRT.

LO MEJOR PARA NIÑOS

Centro de Ciencias de Singapur

véase PLANO: 6 P. 106 **B1**

Con numerosas demostraciones y exhibiciones interactivas, este museo de ciencia (p. 110) estimula las mentes curiosas de los peques.

Jardines del lago Jurong

véase PLANO: 12 P. 106 **A1**

Los niños se desahogan en este inmenso espacio verde provisto de áreas de juego, jardines paisajísticos y pasarelas entabladas para corretear.

Área rural de Kranji

véase PLANO: 18 P. 106 **D1**

Se puede pasar una entretenida jornada lejos del centro en fincas rústicas que venden productos frescos.

Sentirse ceramista

TALLER

PLANO: 19 P. 106 **A2**

En **Thow Kwang Pottery Jungle** se puede ver el último horno dragón operativo de Singapur. Su propietaria es la familia Tan, que lleva tres generaciones en el negocio de la cerámica (desde 1965). Hacer funcionar este horno de leña no es fácil, por lo que solo se enciende contadas veces; sin embargo, los talleres de alfarería tienen lugar todo el año. Se expone una amplia selección de loza y cerámica hecha a mano.

SUGERENCIAS

Lo mejor para...

Localizaciones en el plano de la **p. 106**

$ Económico $$ Medio $$$ Alto

Comer

Áreas de restauración

ABC Brickworks Food Centre $
20 G5
Centro bautizado así por las fábricas de ladrillos que ha reemplazado con unos 100 puestos, incluido Tiong Bahru Yi Sheng Fried Hokkien Mee (01-13). *8.00-23.00 (horario variable según el puesto)*

Clementi 448 Food Centre $
21 D3
Centro junto a la estación Clementi del MRT cuyos puestos más famosos son Kian Seng Lor Mee Prawn Mee Laksa (01-28) y Fried Carrot Cake (01-45); quien no vaya temprano deberá hacer cola. *6.00-21.00 (horario variable según el puesto)*

Eng Lock Koo $
22 F5
Muchos vecinos esperan su turno en Fei Zai Pork Rib Prawn Noodles para degustar sopa de fideos amarillos con cerdo y gambas. *6.00-13.30 (horario variable según el puesto)*

Timbre+ $
23 E4
Moderno centro con gastronetas, arte callejero, cerveza artesana y música en directo las noches del lunes al sábado. *7.00-24.00 lu-ju, hasta 1.00 vi-sa, 11.00-22.00 do*

Locales informales

Common Man Coffee Roasters $$
24 G4
Épicos desayunos servidos a todas horas; destaca el "desayuno turco" a base de huevo pasado por agua envuelto en masa filo y acompañado de queso feta, hierbas, miel y granada. *7.30-17.00 lu-do, 18.00-22.00 mi-do*

One Fattened Calf $$
25 E4
Hamburguesería cuyo esponjoso pan de patata goza de merecida fama; destaca la combinación con patatas fritas y granizado de lima. *11.30-14.30 y 17.30-19.30 lu-sa*

Locales con vistas al agua

Arbora @ Mt Faber Peak $$
26 H6
Restaurante informal en el monte Faber que destaca por sus platos suculentos (desde *laksa* hasta *fish and chips*) y sus impresionantes vistas de HarbourFront y la isla Sentosa. *9.00-21.30*

Privé @ Keppel Bay $$
27 G6
Restaurante que goza de una ubicación inmejorable con yates a un lado y la isla Sentosa al otro. *9.00-22.30 lu-vi, desde 8.00 sa-do*

Cable Car Sky Dining $$$
28 H6
La espectacular cena con vistas del perfil urbano a bordo del teleférico deja el listón por las nubes; es necesario reservar con antelación. *17.30*

Restaurantes de categoría

Ce Soir $$$

29 F4

Los menús de degustación inspirados en la *haute cuisine* francesa para almorzar y cenar despiertan los sentidos con la ayuda de una maravillosa decoración floral. *12.00-16.00 ju-do y 18.30-23.00 mi-do*

Naked Finn $$$

30 G5

Deleitosa experiencia culinaria a base de fresquísimo marisco preparado sin florituras para acentuar su sabor natural. *12.00-15.00 y 18.00-22.30 ma-sa*

Una $$$

31 G5

Restaurante español en la Mansión Alkaff; los camareros sabrán recomendar lo mejor de la extensa carta. *12.00-14.30 ma-vi y 18.00-22.30 ma-do*

Beber

Cervecerías artesanas

Good Beer Company

32 E4

Paraíso para cerveceros con un montón de opciones artesanas de barril y embotelladas. *12.00-22.00 do-lu, hasta 22.30 ma-mi, hasta 23.00 ju-sa*

Little Island Brewing Co @ Gillman Barracks

33 G6

Lleva casi una década perfeccionando sus cervezas, así como sus deliciosas *pizzas* al carbón de masa fermentada con kombucha. *12.00-23.00 ma-sa, hasta 22.00 do*

Picotin Brewhaus

34 E3

Cervecería artesana que emplea tradicionales técnicas alemanas y vanguardistas sistemas de refrigeración; se aconseja catar la Emerald Spirulina, de intenso color verde. *11.00-24.00*

Cafeterías de moda

Suzuki Gourmet Coffee

35 A2

En un local pionero en el tueste del café, los expertos baristas elaboran la infusión meticulosamente. *8.30-17.30 ma-do*

Dewgather

36 E3

Cafetería de inspiración australiana que usa granos recolectados de forma sostenible en Sudamérica para crear una exclusiva mezcla tostada in situ. *8.30-22.00 lu-sa, desde 7.30 do*

Glass Roasters

37 C2

Minúsculo establecimiento con solo ocho asientos que utiliza una cambiante selección de granos para preparar impecables tazas de café. *9.00-17.00 mi-lu*

Comprar

Centros comerciales gigantescos

VivoCity

38 H6

En el mayor centro comercial de Singapur hay más de 300 negocios de gama media, restaurantes junto al agua y un área de juego para niños. *10.00-22.00*

Westgate

39 B1

Ambiente familiar y un poco de todo, incluido el parque infantil Westgate Wonderland donde los peques se divierten con una casa en un árbol de 10 m de altura. *10.00-22.00*

IMM

40 B1

Con más de 90 tiendas de descuento y rebajas de hasta el 80%, no hay mejor sitio para encontrar chollos. *10.00-22.00*

Sugerencias de lugares para comer, beber y comprar en **p. 124**

Explora Isla Sentosa

Al hacer cola en Universal Studios o abrirse paso entre la muchedumbre en Imbiah Lookout, cuesta creer que la turística isla Sentosa fue la apacible y arbolada Pulau Blakang Mati, hogar de pequeñas comunidades de pescadores y marineros nómadas.

Esta porción de tierra, que inicialmente se fortificó para salvaguardar la ruta comercial de Singapur, fue tomada desde el norte durante la II Guerra Mundial. En la década de 1970, se rebautizó como Sentosa y se destinó al ocio con un montón de atracciones en apenas 500 Ha. Hoy, sus atractivos artificiales, cuidados espacios abiertos y playas invitan a disfrutar de una escapada con una mezcla de entretenimiento, lujo y encanto tropical.

Cómo desplazarse

Teleférico

Hay dos líneas independientes: Sentosa (estaciones Merlion, Imbiah Lookout y Siloso Point) y Mount Faber (estaciones Sentosa, HarbourFront y Mount Faber).

Monorraíl

El Sentosa Express tiene cuatro estaciones: una en la isla principal (VivoCity) y tres en Sentosa (Resorts World, Imbiah y Beach).

Autobús

Un autobús eléctrico funciona como lanzadera entre las tres playas de Sentosa; otras dos rutas (A y B) enlazan las atracciones principales con la terminal al este de la estación de monorraíl Beach como punto de partida.

S.E.A. Aquarium (p. 121).

★

LO MEJOR

ACUARIO
S.E.A. Aquarium (p. 121)

PARQUE TEMÁTICO
Universal Studios (p. 118)

PLAYA
Playa de Palawan (p. 121)

CLUB DE PLAYA
Tanjong Beach Club (p. 125)

FUERTE
Fort Siloso (p. 123)

★ IMPRESCINDIBLE

Universal Studios

El primer y único parque temático de Universal Studios en el sureste asiático es uno de los más pequeños, pero ofrece un amplio abanico de atracciones emocionantes –tanto infantiles como adrenalínicas– y espectáculos interactivos junto con restaurantes y tiendas de inspiración hollywoodense.

PLANO: P. 120 **C2**

CONSEJO
Quien deteste hacer cola tal vez querrá adquirir el pase Express (desde 80 SG$) que permite saltársela una vez en cada atracción.

Escanea este código QR para consultar los horarios y reservar las entradas.

Montañas rusas de vértigo

Para empezar con un subidón de adrenalina sin igual, se puede ir directamente a **Battlestar Galactica: HUMAN vs. CYCLON,** la montaña rusa doble más alta del mundo que propone un duelo entre el emocionante circuito rojo HUMAN y el aún más excitante circuito azul CYCLON donde las piernas cuelgan sueltas.

El pulso también se acelera en **Revenge of the Mummy,** donde uno recorre túneles oscuros en busca del *Libro de los vivos*. **TRANSFORMERS: The Ride** ofrece un nuevo nivel de inmersión con gafas 3D para sentirse en plena acción ayudando a los Autobots en su lucha contra los Decepticons. En los refrescantes rápidos **Jurassic Park Rapids Adventure** se flota tranquilamente en una balsa circular hasta que los dinosaurios se desbocan.

Atracciones infantiles

Quien viaje con niños puede comenzar por el área Far Far Away, donde se hallan las montañas rusas infantiles **Puss in Boots' Giant Journey** y **Enchanted Airways.** La popular atracción **Treasure Hunters** invita a sumergirse en el Antiguo Egipto conduciendo por una excavación. También se puede emprender un viaje espacial

NATNN/SHUTTERSTOCK ©

en **Sesame Street Spaghetti Space Chase,** donde Elmo y Grover guían a toda la familia en una aventura interestelar. La recién inaugurada Minion Land atrae a los fans de la franquicia *Gru: mi villano favorito* con **Despicable Me: Minion Mayhem,** emocionante simulador en 3D.

¡Luces, cámara, acción!

Existe una oferta de entretenimiento en confortables espacios cubiertos con aire acondicionado para dar un merecido descanso a los pies. **Lights, Camera, Action! Hosted by Steven Spielberg** ilustra de forma divertida la magia del cine y las maravillas de los efectos especiales; **Shrek 4-D Adventure** propone un viaje inmersivo al universo de *Shrek;* y **Trolls: Hug Time Jubilee** da espectáculo con canto y danza.

UNA PAUSA

Se pueden reponer fuerzas con un plato de pasta o un trozo de *pizza* en **Loui's NY Pizza Parlor;** las familias numerosas pueden pedir una *pizza* entera (50 SG$).

A
B
C
D
E
F
1
2
3
4
Sendero costero 18
Puerto Keppler
Siloso Point
Siloso Rd
Fort Siloso 15
22
Mega Adventure 9
Playa de Siloso 4
12
Skypark Sentosa by AJ Hackett
Adventure Cove Waterpark 13
Sendero Imbiah 17
Imbiah Lookout
Imbiah
Merlion
Beach
Véase ampliación
Sentosa
Waterfront
Imbiah
S.E.A. Aquarium 8
Resorts World
36
26
Sentosa Gateway
Puente elevado
Gateway Ave
Universal Studios
Artillery Ave
34
The Knolls
UltraGolf 2
30
HydroDash 3
Playa de Palawan 1
Isla de Palawan
24
23
Pulau Brani
Selat Sengkir
Campo de golf Serapong
Monte Serapong
Allanbrooke Rd
Bukit Manis Rd
35
Campo de golf Tanjong
29
Playa de Tanjong 5
Cove Dr
Ocean Dr
Sentosa Cove 6
Quayside Isle 7
32
21
37
Más información
Imprescindible p. 118
Experiencias p. 121
Comer p. 124
Beber p. 125
Comprar p. 125
0
500 m
Madame Tussauds 16
Merlion
25
Gogreen Eco Adventure @ Sentosa 19
Cable Car Rd
14 Sensoryscape
Skyline Luge 10
11 iFly
33
20
31
27
28
Beach
0
200 m

EXPERIENCIAS

Tumbarse sobre la arena PLAYAS

Cada una de las tres playas de Sentosa posee características propias que atraen a perfiles distintos. En la **playa de Palawan** (PLANO: 1 P. 120 C3), la más familiar, están: **Palawan@Sentosa,** complejo de ocio que incluye **HyperDrive** (p. 122), pista cubierta de karts eléctricos distribuida en tres pisos; **UltraGolf** (PLANO: 2 P. 120 B2), campo de minigolf con 18 hoyos; e **HydroDash** (PLANO: 3 P. 120 C2), circuito de obstáculos inflables.

La **playa de Siloso** (PLANO: 4 P. 120 A2) goza de fama por los deportes acuáticos y los bares y restaurantes a pie de arena. Aquí se concentran la mayoría de los clubes de playa, idóneos para broncearse sobre una tumbona y darse un baño en agua dulce; **Rumours Beach Club** (p. 125), que cuenta con tres piscinas, es un buen sitio para pasar una tarde de relax.

La **playa de Tanjong** (PLANO: 5 P. 120 D4) suele estar más tranquila por su ubicación un pelín alejada; con todo, los sofás cama que bordean la piscina tocante a la playa del lujoso **Tanjong Beach Club** (p. 125) siempre parecen ocupados.

Embobarse ante yates lujosísimos PUERTO DEPORTIVO

La exclusiva **Sentosa Cove** (PLANO: 6 P. 120 F2), en el este de la isla, acoge inmuebles carísimos y lujosas embarcaciones atracadas en los canales y el puerto deportivo. Cuando el centro de Sentosa está atestado de gente, como ocurre el fin de semana, es buena idea acudir a **Quayside Isle** (PLANO: 7 P. 120 F3) para pasear por el muelle y sentarse a la mesa en alguno de los restaurantes y cafés con vistas al agua. Sentosa Cove dista 10 min de la estación Beach en el autobús B (gratis) o 15 min desde la estación HarbourFront (3 SG$).

Visitar un paraíso subacuático ACUARIO

PLANO: 8 P. 120 C1

El **S.E.A. Aquarium**, donde viven más de 100 000 ejemplares de fauna marina de un millar de especies, es perfecto para aprender un poco acerca del hábitat oceánico con alucinantes tanques y exposiciones interactivas.

El **Open Ocean Habitat** destaca por un panel de vidrio de grandes dimensiones (36 m x 8,3 m) que permite observar mantarrayas y otros animales que nadan a sus anchas. No hay que perderse el **Apex Predators of the Sea,** túnel que pasa bajo unos 100 tiburones.

En el momento de redactar esta guía, estaba en marcha un proyecto para rebautizar el acuario **Singapore Oceanarium (S.G.O.)** y triplicar su tamaño; el S.G.O. aspira a convertirse en un centro de investigación y formación sobre biodiversidad marina haciendo uso de avanzada innovación digital y tecnología interactiva.

Acelerar el pulso DEPORTES DE AVENTURA

Aparte de las montañas rusas de Universal Studios, hay muchas otras formas de satisfacer a quienes buscan emociones fuertes. **Mega Adventure** (PLANO: 9 P. 120 **A1**) dispone de camas elásticas y circuitos de cuerdas y obstáculos, pero su gran aliciente es **MegaZip,** tirolina de 450 m de longitud sobre las copas de los árboles y la playa. En **Skyline Luge** (PLANO: 10 P. 120 **A4**), uno puede subir hasta la cima del monte Imbiah en el telesilla Skyride y descender a toda velocidad en luge por cuatro empinadas pistas con curvas. Otra opción es simular la caída libre en uno de los túneles de viento verticales más grandes del mundo (con una altura equivalente a seis pisos) en **iFly** (PLANO: 11 P. 120 **A4**).

En **Skypark Sentosa by AJ Hackett** (PLANO: 12 P. 120 **A2**), uno puede poner a prueba su coraje practicando *puenting* desde una torre de 47 m o balanceándose en un columpio gigante sobre la playa de Siloso. Los aficionados a las carreras se volverán locos en **HyperDrive** (véase PLANO: 2 P. 120 **B2**), primera pista cubierta de karts eléctricos de Asia, distribuida en tres pisos.

Chapotear y bucear PARQUE ACUÁTICO

PLANO: 13 P. 120 **B1**

En la bochornosa Singapur siempre apetece darse un refrescante chapuzón; el **Adventure Cove Waterpark** tiene varios toboganes acuáticos en espiral, incluido el **Pipeline Plunge,** donde uno se desliza a oscuras. Los niños lo pasarán en grande en las áreas de juego con agua **Big Bucket Treehouse** y **Seahorse Hideaway.**

Quien prefiera actividades más relajadas puede mecerse en la enorme piscina de olas **Bluwater Bay,** ir a la deriva sobre un flotador a lo largo de **Adventure River** o bucear junto a más de 20 000 peces tropicales en **Rainbow Reef.**

Realizar un itinerario histórico FUERTE

PLANO: 15 P. 120 **A1**

El **Fort Siloso,** en la punta occidental de Sentosa, es el último fuerte costero bien preservado de

EL PRECIO DE VISITAR SENTOSA

El coste de acceder a Sentosa depende de cómo se llegue a la isla. Cruzar el puente Sentosa Boardwalk a pie o en bici desde HarbourFront es gratis. Quien acuda en el autobús n° 123 solo deberá abonar la tarifa estándar basada en la distancia, mientras que el trayecto en el monorraíl Sentosa Express desde VivoCity cuesta 4 SG$. Si se viaja en grupos pequeños, quizá salga a cuenta tomar un taxi (2-6 SG$/vehículo según la hora). El medio de transporte más espectacular es el teleférico procedente del monte Faber y HarbourFront (hasta 35 SG$ ida y vuelta).

Singapur. El camino que conduce a los búnkeres luce caprichosas obras de arte con pinceladas de la cultura local, mientras que los barracones y túneles se han transformado en galerías que recrean episodios de la historia del país bajo dominio británico con dioramas y clips de audio. Al final se puede contemplar el panorama desde la pasarela **Siloso Skywalk,** que se eleva como un edificio de 11 plantas y conecta el fuerte con la estación Siloso Point.

Una vez allí, se puede seguir el **sendero Imbiah** hasta Imbiah Lookout y ver los vestigios de la **batería de Imbiah** junto con tramos de vía del antiguo monorraíl que circulaba por la isla. Muchos cuarteles de la época colonial cumplen ahora otras funciones: los emblemáticos edificios de color blanco y negro acogen el **museo de cera Madame Tussauds** (PLANO: 16 P. 120 **B3**), el **Barracks Hotel Sentosa,** el **resort Capella Singapore,** el **Village Hotel Sentosa** y el **Oasia Resort Sentosa.**

GRATIS

LO MEJOR GRATIS

Playas de Sentosa

Se puede preparar un pícnic y pasar una jornada en alguna de las tres playas de arena blanca (importada de Malasia): **Siloso** (véase PLANO: 4 P. 120 **A2**; p. 121), **Palawan** (véase PLANO: 1 P. 120 **C3**; p. 121) o **Tanjong** (véase PLANO: 5 P. 120 **D4**; p. 121).

Fort Siloso

véase PLANO: 15 P. 120 **A1**

Vale la pena explorar el último fuerte costero que se conserva en Singapur y admirar las vistas desde la elevada pasarela Siloso Skywalk.

Sensoryscape

PLANO: 14 P. 120 **B3**

El tramo de 350 m que conecta de norte a sur Resorts World Sentosa con las playas de la isla ofrece una experiencia inmersiva y multisensorial con juegos de luces al atardecer.

Recorrer rutas salvajes

CAMINOS NATURALES

Sentosa cuenta con senderos por la naturaleza. El boscoso **sendero Imbiah** (PLANO: 17 P. 120 **B1**) presume de rincones para avistar animales en libertad, pequeños saltos de agua y hasta "huesos de dragón" que entusiasman a los peques. El **sendero costero** (PLANO: 18 P. 120 **A1**), próximo al Fort Siloso, regala vistas asombrosas del canal Keppel. O se puede alquilar una bici en **Gogreen Eco Adventure @ Sentosa** (PLANO: 19 P. 120 **A3**) y pedalear 3 km desde la playa de Siloso hasta la de Tanjong.

En la isla organizan **circuitos guiados por espacios naturales** (sentosa.com.sg/en/things-to-do/events) que dan acceso a áreas protegidas como Tanjong Rimau y Fort Serapong.

SUGERENCIAS

Lo mejor para...

$ Económico $$ Medio $$$ Alto

Localizaciones en el plano de la p. 120

Comer

Junto al agua

Coastes $$
20 A4
Tras elegir mesa en la terraza o en la arena tachonada de palmeras, uno se pone las botas con hamburguesas, pasta y *pizzas;* se puede alquilar una tumbona (30 SG$). *9.00-21.30 do-ju, hasta 22.30 vi-sa*

Mykonos on the Bay $$
21 F3
Taberna griega junto al puerto deportivo con auténticos sabores helenos. *12.00-15.00 lu-mi y vi, 18.00-22.30 lu-vi, 12.00-22.30 sa-do*

Trapizza $$
22 A1
Restaurante en el extremo más tranquilo de la playa de Siloso que sirve *pizzas* al horno de leña y pasta hecha a mano. *12.00-21.00 lu-ju, 11.00-22.00 vi-do*

FOC by the Beach $$$
23 C3
Diminuto enclave mediterráneo en la playa de Palawan con tapas, marisco y paellas. *11.30-22.30 mi-ju y do, hasta 23.00 vi-sa*

Despilfarro justificado

Ocean Restaurant $$$
véase 8 C1
Restaurante subacuático donde uno puede saborear modernos platos europeos a base de pescado y marisco mientras observa rayas, tiburones de arrecife y peces tropicales que nadan en el acuario. *11.30-14.00 y 18.00-21.00*

Cassia $$$
24 C2
Sofisticado restaurante en el hotel Capella Singapore que ofrece el clásico *dim sum* cantonés (para almorzar) o suculento marisco con un toque contemporáneo. *12.00-14.00 y 18.30-22.00*

Camille $$$
25 B3
Experiencia gastronómica en un edificio centenario que fusiona la maestría culinaria francesa con la refinada cocina de origen japonés. *18.00-22.30 ma-do*

Alternativas más baratas

Malaysian Food Street $
26 C1
Área de restauración cubierta junto a Universal Studios que imita las vías públicas de Malasia y sirve especialidades callejeras del país vecino. *8.30-20.00*

Good Old Days Food Court $
27 A4
Platos locales y asiáticos, menús infantiles y una opción tipo bufé, cerca de la estación Beach. *10.00-21.00*

International Food Street $
28 A4
Pintoresca mezcla de gastronetas y contenedores a pie de playa que venden exquisita comida callejera internacional en Central Beach Bazaar. *11.00-21.00*

Beber

Clubes de playa

Tanjong Beach Club
29 D4
Con tumbonas en la arena, una piscina elegante y música *chill out* y *funk*, es ideal para tomar cócteles al atardecer. *10.00-20.00 lu-vi, hasta 21.00 sa-do*

Tipsy Unicorn Beach Club
véase 12 A2
Club de color púrpura donde los cócteles originales y el ambiente playero crean una atmósfera festiva. *11.00-21.00 ma-ju, hasta 22.00 do, 12.00-24.00 vi-sa*

Rumours Beach Club
véase 12 A2
Aquí, uno puede relajarse en un afelpado sofá o sofá cama y disfrutar de las vistas, las tres piscinas y los cócteles artesanales. *10.00-22.00 vi-do, desde 11.00 lu-ju*

+Twelve
30 C2
En este local, lo mejor es reservar una cabaña exclusiva con piscinita privada en las terrazas elevadas que se asoman a la piscina infinita y a la playa de Palawan. *10.00-21.00 lu-vi, 9.30-22.30 sa-do*

Bares con brisa marina

Sand Bar
31 A4
Sitio popular para desconectar un sábado por la tarde gracias al ambiente distendido y la estupenda música de DJ. *15.00-1.00 sa*

Boaters' Bar
32 F3
En el único bar flotante de Singapur, el cliente toma su copa sumándose al vaivén de los megayates amarrados en el puerto deportivo. *17.00-23.00 mi-ju y do, hasta 24.00 vi-sa*

Bikini Bar
33 A4
Chiringuito al aire libre donde se puede pasar la tarde pidiendo rondas o participar en juegos de playa. *14.00-21.30 lu-ju, hasta 22.30 vi, 12.00-22.30 sa, hasta 21.30 do*

Locales con vistas

1-Altitude Coast
34 B2
Bar de azotea que propone saborear cócteles contemplando la playa de Palawan y el estrecho de Singapur. *11.00-22.00 lu-ma, hasta 24.00 mi-ju y do, hasta 2.00 vi-sa*

Bob's Bar
véase 24 C2
Lounge bar en el hotel Capella Singapore, cuyas bebidas son tan sensacionales como las vistas de las piscinas con el mar al fondo. *15.00-23.00 lu-ma, desde 12.00 mi-do*

Panamericana
35 D3
Asador en lo alto de un acantilado que combina tradiciones culinarias de lugares situados a lo largo de la carretera Panamericana. *12.00-15.00 lu-vi, hasta 16.00 sa-do, 17.00-21.15 do-ju, hasta 21.45 vi-sa*

Comprar

Tiendas

Resorts World
36 C1
Este complejo alberga numerosos negocios de lujo. *10.00-22.00*

Cove Collection
37 F3
Boutique con una selección de marcas únicas, muchas de ellas disponibles exclusivamente en Singapur. *10.00-18.00 lu-sa, 11.00-17.00 do*

Sugerencias de lugares para comer, beber y comprar en **p. 142**

Explora Chinatown

Cuando los británicos dividieron Singapur con criterios étnicos, situaron a los chinos al oeste del río. Durante la época colonial, aquí la vida era difícil debido al hacinamiento, el saneamiento deficiente y las condiciones laborales. Pese al nombre del distrito, solo una parte de sus gentes procedían de China, como prueban los históricos templos musulmanes e hindúes.

Hoy, los edificios tradicionales coexisten con los rascacielos, y los fumaderos de opio, *rickshaws* y puestos de comida callejera han sido reemplazados por transportes eficientes, áreas de restauración, arte callejero y animados bares y restaurantes. La mañana se caracteriza por el bullicio en mercados y cafeterías; la tarde, por la oferta de entretenimiento.

Cómo desplazarse

MRT

La estación Chinatown del MRT da acceso al mercado y al área peatonal con tiendas; las estaciones Telok Ayer y Tanjong Pagar quedan cerca de la popular Amoy St y de Duxton Hill, respectivamente.

Autobús

Circulan numerosos autobuses por North Bridge Rd y Cross St.

A pie

Aunque las aceras tienen una anchura inferior a la de otros barrios, son fácilmente transitables; muchas *shophouses* lucen característicos pórticos con arcadas para guarecerse del sol o la lluvia.

Templo de la Reliquia del Diente de Buda (p. 138).

TOMMYTLM/SHUTTERSTOCK ©

LO MEJOR

LEGADO PERANAKAN
Baba House (p. 130)

TEMPLO
Templo de la Reliquia del Diente de Buda (p. 138)

GALERÍA
Galería de la Ciudad de Singapur (p. 131)

MUSEO
Chinatown Heritage Centre (p. 136)

ÁREA DE RESTAURACIÓN
Amoy Street Food Centre (p. 138)

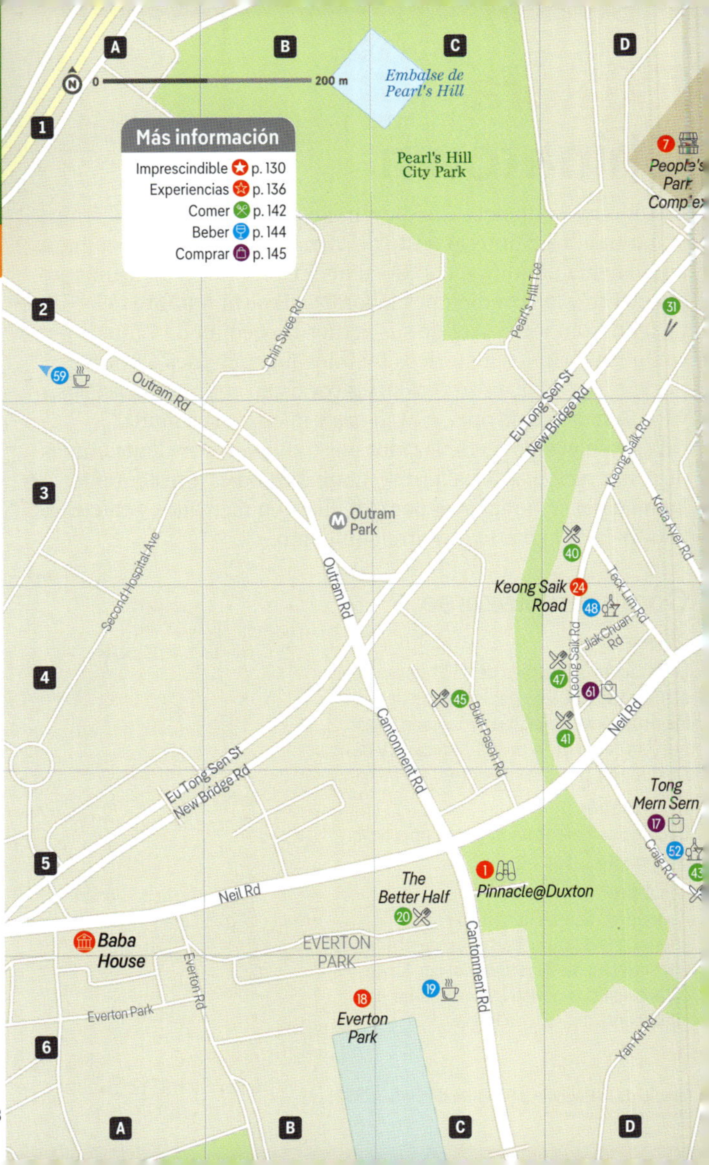
Más información
Imprescindible p. 130
Experiencias p. 136
Comer p. 142
Beber p. 144
Comprar p. 145
0 200 m
A
B
C
D
1
2
3
4
5
6
Embalse de Pearl's Hill
Pearl's Hill City Park
7 People's Park Complex
Pearl's Hill Tce
31
59
Outram Rd
Chin Swee Rd
Eu Tong Sen St
New Bridge Rd
Keong Saik Rd
Kreta Ayer Rd
Outram Park
Second Hospital Ave
40
Keong Saik Road 24
48
Teck Lim Rd
Jiak Chuan Rd
47
61
41
45
Bukit Pasoh Rd
Cantonment Rd
Neil Rd
Tong Mern Sern 17
52
43
Craig Rd
1 Pinnacle@Duxton
The Better Half 20
Baba House
Everton Rd
EVERTON PARK
Everton Park
19
18 Everton Park
Yan Kit Rd

E
F
G
H
1
2
3
4
5
6
Chinatown
Upper Cross St
Hokien St
Nankin St
Chin Chew St
China St
South Bridge Rd
Eu Tong Sen St
New Bridge Rd
Chinatown Heritage Centre
Mosque St
Pagoda St
Temple St
Trengganu St
Chinatown Complex
Mohamed Ali La
Cross St
Amoy St
Templo Sri Mariamman
Food Playground
Cantonese Opera
Smith St
Sago St
Club St
Anthony the Spice Maker
Templo de la Reliquia del Diente de Buda
Sago La
Banda St
Spring St
Erskine Rd
Ann Siang Hill
Ann Siang Rd
Boon Tat St
Telok Ayer St
Amoy Street
Telok Ayer Street
Mural de Thian Hock Keng
Templo Thian Hock Keng
Ann Siang Hill Park
Museo de Cajas de Música de Singapur
Maxwell
CHINATOWN
Kadayanallur St
Native
Neil Rd
Tea Chapter
Maxwell Rd
Tanjong Pagar Rd
Murray St
Galería de la Ciudad de Singapur
McCallum St
Stanley St
Lagoon in a Bowl
Coffee Break
Amoy Street Food Centre
Duxton Hill
Cook St
Murray Tce
Cecil St
Duxton Rd
TANJONG PAGAR
Telok Ayer Park
Robinson Rd
Tras St
Peck Seah St
Boon Tat Link
Tanjong Pagar
Choon Guan St
Anson Rd
Shenton Way
Templo Seng Wong Beo

★ IMPRESCINDIBLE

Baba House

Esta casa azul, una de las viviendas típicas de la comunidad peranakan mejor conservadas en Singapur, es de visita obligada para quien desee ahondar en la historia y las tradiciones del país. La Universidad Nacional de Singapur adquirió la residencia y la restauró para que luciera como en la década de 1920.

PLANO: P. 128 **A5**

CONSEJO
Es indispensable pedir cita previa para visitar la casa, ya sea con guía (ma-vi 10.00) o en solitario (sa).

Escanea este código QR para reservar la visita.

Acceso llamativo

Construida en el último decenio del s. XIX, esta casa adosada de tres plantas en Neil Rd cautiva con su fachada de intenso color azul que evoca el tono de la pintura original. Vale la pena inspeccionar el enlucido chino de suma calidad y la concienzuda decoración de porcelana con símbolos auspiciosos como el fénix (prosperidad), la grulla (harmonía) y la peonía (abundancia y fertilidad); los artesanos los crearon mediante la técnica del *jian nian* ("cortar y pegar"), consistente en unir piezas de cerámica para formar objetos tridimensionales.

Perfección peranakan

Al entrar, el visitante verá el mobiliario de época preservado meticulosamente y los detalles arquitectónicos del edificio; asimismo, escuchará anécdotas sobre los miembros de la familia Wee, antiguos ocupantes cuyas fotografías originales aún adornan las paredes. No hay que perderse los dormitorios de la 2ª planta, con el *tenong* (contenedor para ceremonias nupciales).

Restauración

La galería de la 3ª planta contiene información sobre la investigación realizada y los materiales empleados para la restauración de la residencia, y objetos hallados durante las excavaciones. Aquí también tienen lugar exposiciones temporales sobre la cultura peranakan.

★ IMPRESCINDIBLE

Galería de la Ciudad de Singapur

Singapur es una metrópolis trazada minuciosamente; este museo gratuito ilustra sobre el paisaje urbano de la ciudad-Estado analizando su rápida evolución, sus innovadoras estrategias de planificación, sus iniciativas de sostenibilidad y su visión de futuro.

PLANO: P. 128 **F4**

Ciudad vibrante

El vídeo proyectado en la pantalla panorámica de 12 m que abarca 270° revela el día a día en Singapur: los espectadores verán cómo trabajan, viven, comen y se divierten los lugareños y comprenderán qué significa "hogar" en esta nación insular.

Galerías

La colección permanente, formada por numerosas muestras interactivas, se distribuye en cinco galerías. Ilustra sobre la política de tierras ganadas al mar, la construcción de rascacielos destinados a viviendas, el urbanismo y los esfuerzos de conservación que caracterizan el país; se pone énfasis en los desafíos concretos que afrontan planificadores y arquitectos para optimizar el uso del limitado terreno a disposición.

Maquetas

Las maquetas del **área central** y de la **isla** permiten observar Singapur a vista de pájaro. La primera, gigantesca réplica en 3D del distrito financiero, se actualiza continuamente para reflejar los constantes cambios que experimenta el perfil urbano.
La segunda, modelo a escala 1:1000 que ofrece una macroperspectiva, se complementa con una proyección de 3 min sobre las diferentes estrategias de planificación y los lugares emblemáticos.

CONSEJO
Se recomienda dedicar 1-2 h al museo; los días laborables por la mañana hay menos visitantes.

Escanea este código QR para acceder a una visita autoguiada con la aplicación Questeon.

CIRCUITO A PIE

Paseo por Chinatown

Puede que el barrio chino de Singapur haya amansado un poco su carácter, pero sigue siendo una jungla visceral con templos, *shophouses* de valor patrimonial y mercados con animales aún vivos; vale la pena dedicar unas horas a explorar este dinámico barrio a través de la vista, el olfato y el gusto.

INICIO	FINAL	DURACIÓN
Nagore Durgha	People's Park Complex	1,3 km; 1½ h

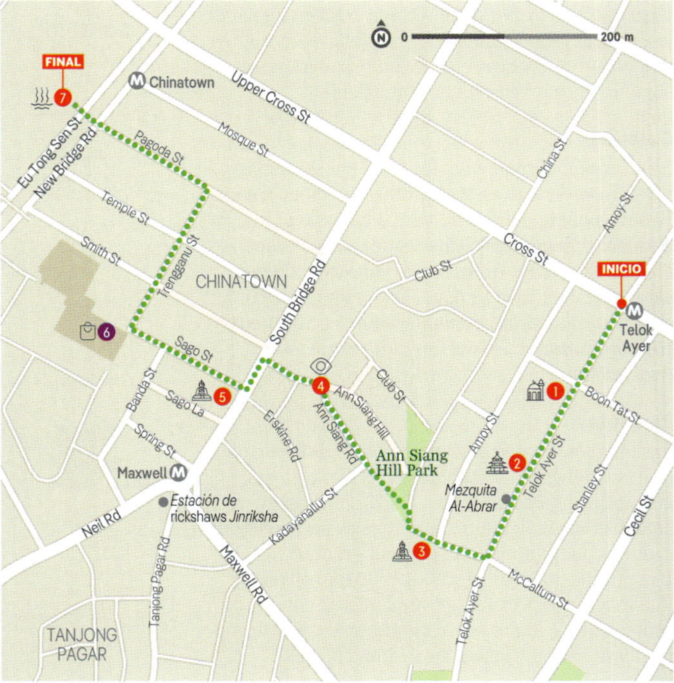

1 Legado de los musulmanes indios

Cerca de la estación Telok Ayer del MRT, en la esquina entre Telok Ayer St y Boon Tat St, se halla el **santuario Nagore Durgha,** erigido entre 1828 y 1830 por musulmanes originarios del sur de la India, que ahora es la sede del Nagore Dargah Indian Muslim Heritage Centre.

2 Histórico templo hokkien

Más adelante se alza el restaurado **templo Thian Hock Keng,** el lugar de culto hokkien más antiguo y venerado de Chinatown; la pared exterior trasera en Amoy St luce un mural de 44 m que ilustra la historia de los primeros inmigrantes de esta etnia.

3 Pausa para pedir un deseo

Tras dejar atrás la **mezquita Al-Abrar,** levantada a mediados del s. XIX, hay que girar a la derecha por Amoy St y seguir hasta el minúsculo **templo Siang Cho Keong** (nº 66); a la izquierda de la entrada hay un pequeño "pozo del dragón" en el que arrojar una moneda para formular un deseo.

4 Tradicionales edificios de uso comercial y residencial

Luego hay que cruzar el arco contiguo al templo con la inscripción "Ann Siang Hill Park" y subir hasta Ann Siang Rd, encantadora calle embellecida con **'shophouses'** que antaño acogían gremios y clubes chinos.

5 Épico templo budista

Al final de la vía, toca girar a la izquierda por South Bridge Rd y hacer un alto para visitar el colosal **templo de la Reliquia del Diente de Buda;** al fondo de la calle se ve el edificio triangular de la antigua estación de *rickshaws* Jinriksha.

6 Mercado bullicioso

Al salir del templo, hay que seguir por Sago St hasta el concurrido **Chinatown Complex,** en cuya 1ª planta hay una zona de restauración con múltiples delicias culinarias; y en la planta baja, un animado "mercado mojado".

7 Final relajante

Por último, se puede pasear por la cursi Trengganu St, desviarse a la izquierda por Pagoda St y continuar hasta el puente peatonal que da acceso al **People's Park Complex,** donde disfrutar de una revitalizante sesión de reflexología.

CIRCUITO A PIE

Paseo por Tiong Bahru

Es buena idea pasar media mañana en Tiong Bahru, a tres paradas de Raffles Pl en la línea East-West (verde) del metro; aparte de *boutiques,* bares y cafeterías de moda, este barrio de edificios bajos –el primero de Singapur donde se construyeron viviendas públicas– tiene apartamentos *art déco.*

INICIO	FINAL	DURACIÓN
Tiong Bahru Market & Food Centre	Bird Singing Corner	1,4 km; 1 h 30 min

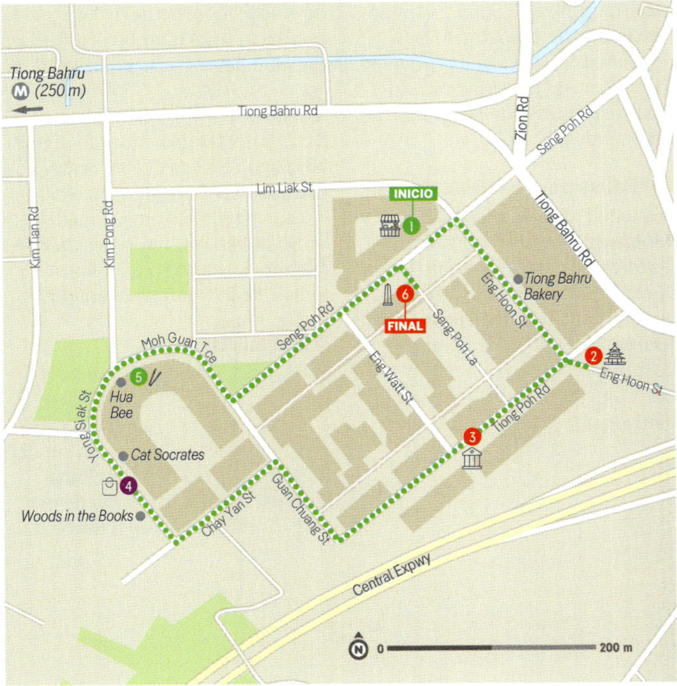

1 Ajetreado mercado local

El **Tiong Bahru Market & Food Centre** no ha perdido ni un ápice de tradicionalidad pese a múltiples renovaciones; el mercado de la planta baja sigue un ritmo frenético, pero justo encima se halla una espaciosa y distendida área de restauración donde es posible curiosear y matar el gusanillo.

2 Templo taoísta

Al salir, hay que caminar por Eng Hoon St –con un alto en **Tiong Bahru Bakery** si uno necesita cafeína– hasta alcanzar la intersección con Tiong Poh Rd, donde se yergue el **templo Qi Tian Gong,** dedicado al Rey Mono (como demuestran sus numerosas estatuas).

3 Arquitectura asombrosa

A continuación, toca recorrer **Tiong Poh Road** al suroeste y admirar los edificios de estilo industrial diseñados en la década de 1920 para que parecieran automóviles, trenes, transatlánticos y aviones.

4 Calle comercial

Se continúa hasta Yong Siak St, que acoge una serie de negocios atractivos como la encantadora librería infantil **Woods in the Books** y la peculiar tienda **Cat Socrates** con vigilantes felinos.

5 Joya oculta

En la curva que traza la calle hacia el norte se encuentra **Hua Bee,** clásico restaurante especializado en fideos que hace el agosto a la hora del almuerzo.

6 Murales evocadores

Durante el regreso al Market & Food Centre en dirección noreste por Seng Poh Rd, se aconseja desviarse a la derecha por Seng Poh Ln para contemplar el mural **'Bird Singing Corner'** que recuerda días pasados en que los residentes traían aves cantoras para escuchar su melodioso gorjeo; el siguiente callejón a la derecha luce el mural **'Pasar and the Fortune Teller',** donde se puede dar por finalizado este agradable paseo.

EXPERIENCIAS

Contemplar un panorama espectacular MIRADOR

PLANO: 1 P. 128 **C5**

Para admirar vistas estupendas de la ciudad por solo 6 SG$ basta subir a la azotea de **Pinnacle@ Duxton,** el mayor complejo de viviendas públicas del mundo, con siete torres de apartamentos de 50 pisos interconectadas por pasarelas a dos alturas diferentes. El viajero deberá encontrar la diminuta taquilla en la planta 1 del bloque G, abonar el importe en efectivo y registrar su tarjeta de transporte EZ-Link antes de subir en el ascensor y acercarla al lector de la puerta desde dentro del torniquete.

El mirador, donde solo se admiten 150 visitantes al día, invita a relajarse con áreas de césped, muebles modulares y tumbonas; el mejor momento es el atardecer, pero tal vez no queden plazas si uno se presenta entonces.

Descubrir el legado de los pobladores chinos MUSEO

PLANO: 2 P. 128 **F1**

Quien sienta interés por los orígenes de Chinatown debería visitar el inmersivo **Chinatown Heritage Centre;** emplazado en una *shophouse* reconvertida, el museo acoge sugestivas exhibiciones que arrojan luz sobre numerosos capítulos de la historia del lugar, desde las peligrosas singladuras de los primeros colonos chinos hasta el surgimiento de clanes locales y fumaderos de opio.

Cuando se redactaba esta guía, el centro estaba cerrado por reformas.

Dejarse hechizar TEMPLO

PLANO: 3 P. 128 **F2**

Paradójicamente, en medio de Chinatown se ubica el hinduista **templo Sri Mariamman,** edificado en 1823 y remodelado en 1843. Llama la atención la colorida *gopuram* (torre piramidal de acceso) de la década de 1930, elemento característico de la arquitectura dravídica del sur de la India.

Quien dedique unos minutos a recorrer el perímetro advertirá esculturas de vacas sagradas que adornan las paredes y figuras de yeso en la torre que encarnan a los dioses del Trimurti: Brahma (creador), Visnú (preservador) y Shiva (destructor).

Cada octubre, el templo acoge el **festival Thimithi,** en que los devotos hacen cola en South Bridge Rd para probar su fe caminando sobre las brasas.

Descifrar el simbolismo TEMPLO

PLANO: 4 P. 128 **H3**

El **templo Thian Hock Keng** suele ser un remanso de paz. Construido entre 1839 y 1842, es el templo hokkien más antiguo e importante de Chinatown, al que acudían los navegantes chinos nada más desembarcar antes de que la política de tierras ganadas al mar alejara la orilla.

Su diseño presenta elementos cargados de simbolismo: los leones de piedra de la entrada ahuyentan los malos espíritus, y las representaciones pintadas de fénix y peonías en la sala central simbolizan, respectivamente, la paz y las buenas nuevas. Durante la restauración de 1998, una viga del techo reveló un pergamino escrito por el emperador Guangxu de la dinastía Qing para bendecir la comunidad china de Singapur.

Fundirse con el pasado

ARTE CALLEJERO

En el marco de la imparable modernización de Singapur, el autodidacta artista local Yip Yew Chong (YC) mantiene vivo el pasado mediante obras tridimensionales que representan escenas típicas con increíble detalle; la mayoría se concentran en Chinatown.

El viaje visual propuesto empieza por su mural más impresionante –hasta la fecha–, una **obra maestra de 44 m** (PLANO: 5 P. 128 **H3**) que adorna la pared exterior trasera del templo Thian Hock Keng e ilustra la historia de los inmigrantes hokkien.

Muchos otros muros han cobrado vida en las inmediaciones gracias a las creaciones de YC, como en Mohamed Ali Ln, Temple St y Smith St; no hay que perderse el colorido y teatral mural **'Cantonese Opera'** (PLANO: 6 P. 128 **F2**) en el cruce de Temple St con South Bridge Rd.

El barrio de Tiong Bahru también presume de cuantiosos murales; muchos de los realizados por YC incorporan elementos interactivos –una silla por aquí, un banco por allá– que invitan al espectador a convertirse en protagonista. En la web de Yip (yipyc.com) figuran las ubicaciones.

Explorar el People's Park Complex

CENTRO COMERCIAL

PLANO: 7 P. 128 **D1**

Basta levantar la mirada para avistar la fachada verde y amarilla del **People's Park Complex,** edificio de imponente diseño brutalista que preside el corazón de Chinatown desde la década de 1970; la estructura, considerada una maravilla arquitectónica en esa época, se ha integrado en el perfil urbano.

EXITOSO PROYECTO DE VIVIENDAS PÚBLICAS

Los pisos de la Housing & Development Board (HDB) constituyen la piedra angular de Singapur en materia de vivienda, pues alojan al 77% de la población. Construidos con fondos públicos, estos rascacielos residenciales son asequibles y presentan espacios bien diseñados que se adaptan a distintas necesidades familiares. Las fincas HDB incorporan infraestructuras como escuelas, parques, recintos para eventos, tiendas y áreas de restauración. Aunque la mayoría de los apartamentos son de propiedad privada, las continuas renovaciones y mejoras financiadas por el Gobierno garantizan la habitabilidad y modernización de los inmuebles.

Visitar este centro comercial es como embarcarse en una odisea cultural con el embriagador aroma del Bálsamo de Tigre. Se recomienda abrirse paso entre los puestos del mercado de la planta baja hasta las económicas y sencillas casetas de reflexología, los dispensarios de medicina china tradicional y el sinfín de tiendas que venden desde tejidos y antigüedades hasta dispositivos electrónicos.

Los aficionados a la fotografía querrán subir al aparcamiento de la 6ª planta: la enorme torre residencial amarilla es uno de los telones de fondo más inmortalizados de Singapur.

Maravillarse ante el templo de la Reliquia del Diente de Buda

TEMPLO

PLANO: 8 P. 128 **F3**

Completado en el 2007 con el estilo arquitectónico propio de la dinastía Tang, este descomunal **templo budista chino** acoge un supuesto diente canino izquierdo de Buda que se halló en una estupa derrumbada en Mrauk U (Myanmar); aunque su autenticidad es objeto de debate, se conserva con celo dentro de un relicario de oro macizo que pesa 320 kg en una estancia de la 4ª planta ricamente ornamentada.

El **Museo del Budismo** de la 3ª planta alberga otras reliquias, mientras que el jardín de la azotea destaca por la inmensa rueda de plegaria colocada en el interior de una **pagoda** con más de 10 000 estatuas de Buda. La entrada es gratis, pero se exige vestir con decoro.

Vislumbrar el futuro de las áreas de restauración

'HAWKERS'

La cultura de los *hawkers* está profundamente arraigada en el ADN culinario de Singapur, hecho reconocido cuando dicha dimensión del panorama gastronómico de la ciudad fue declarada Patrimonio Cultural Inmaterial de la Humanidad por la Unesco en el 2020. No obstante, muchos singapurenses temen que esta parte integral de la identidad nacional se pierda a medida que se jubilen los miembros de la vieja escuela.

La sangre nueva acepta el reto de mantener vivas estas económicas áreas de restauración aportando toques únicos a las recetas tradicionales. El **Amoy Street Food Centre** (PLANO: 9 P. 128 **G4**) de Chinatown acoge numerosos puestos de nueva generación como estos: **A Noodle Story** (caseta 01-39; p. 142), que sirve boles de *ramen* al estilo singapurense; **Lagoon in a Bowl** (caseta 01-48; PLANO: 10 P. 128 **G4**), cuyo salmón al vacío "flota en una laguna" de arroz que debe su tonalidad azul natural a la flor de guisante de mariposa; y **Coffee Break** (caseta 02-78; PLANO: 11 P. 128 **G4**), que propone reinterpretaciones del clásico *kopi* como café con leche al sésamo negro y té de jengibre con leche.

Hacer acopio de especias TIENDA ESPECIALIZADA

PLANO: 12 P. 128 **E2**

Quien desee replicar en casa los aromas y sabores de Singapur debe acudir a **Anthony the Spice Maker;** dirigido por Anthony –quien representa la segunda generación de una familia dedicada a la creación de especias– y su hija, este negocio vende numerosos sobrecitos y tarros que contienen embriagadoras sustancias vegetales.

El personal ayuda a elegir el producto idóneo (destacan el Curry Powder Singapura y el Meat Rendang Blend). Hay un pequeño punto de venta en el sótano del **Chinatown Complex** (B1-169; p. 143), pero la tienda principal se ubica en el **People's Park Food Centre** (03-1102; p. 137).

Aprender el arte de la preparación del té SALÓN DE TÉ

PLANO: 13 P. 128 **E4**

Tea Chapter es un agradable salón de té próximo a la estación Maxwell del MRT, donde por un mínimo de 9 SG$ se tiene derecho a un divino té en hojas sueltas preparado con la precisión tradicional. El local ofrece una óptima selección que está a la venta en la tienda adyacente junto con juegos de té. Para disfrutar de una cata de nivel superior, se puede optar por uno de los dos paquetes de apreciación del té: "From Dusk till Dawn" o "Shades of Tea" (desde 48/88 SG$ por persona, mín. 2 personas).

Ponerse las botas con un clásico 'dim sum' RESTAURANTE

PLANO: 14 P. 128 **E1**

Red Star, establecimiento inspirado en la década de 1980 donde innumerables abuelitas se abalanzan sobre los carritos de comida, es perfecto para degustar *dim sum* hongkonés. La espaciosa sala suele estar a rebosar, así que conviene prestar atención a los platillos que anuncian los camareros al pasar: *bao* (bollo al vapor) con carne de cerdo, *cheong fun* (rollo de fideo de arroz), *liu sha bao* (bollo relleno de yema líquida), etc.

Esta joya se oculta en la 7ª planta de un bloque de viviendas públicas (apodados HDB en alusión a la autoridad gubernamental Housing

'KOPI' Y 'TEH'

El café de origen único y el café de sifón causan furor entre los *hipsters*, pero el auténtico del país se encuentra en las cafeterías tradicionales *(kopitiams)*. Antes de entrar, no está de más familiarizarse con la terminología: *kopi* (café con leche condensada); *kopi-o* (café negro con azúcar); *kopi-c* (café con leche evaporada y azúcar); *kopi-peng* (café con hielo), etc. Existen las mismas variantes con té (sustituyendo *kopi* por *teh*), protagonista también del dulce y especiado *teh tarik* (té tirado).

& Development Board) en el nº 54 de Chin Swee Rd, indicado con carteles rojos. El *dim sum* se sirve únicamente para almorzar.

Escuchar ritmos melodiosos MUSEO

PLANO: 15 P. 128 H3

Los melómanos adorarán el fascinante viaje por la historia de la música que ofrece el **Museo de Cajas de Música de Singapur,** donde quedarán embelesados por los exquisitos sonidos de estos instrumentos, algunos con más de dos siglos de antigüedad. Es interesante examinar su mecanismo interno, desde las primeras cajas rudimentarias hasta las multiinstrumentales del tamaño de un armario; incluso hay una que estuvo a punto de ser embarcada en el *Titanic,* pero escapó a su fatídico destino.

El museo gusta por igual a mayores y jóvenes: unos escuchan melodías atemporales mientras otros observan las precursoras del iPod. Es preciso reservar la visita con antelación en singaporemusicalboxmuseum.org.

Probar cócteles de inspiración regional BAR

PLANO: 16 P. 128 G4

El disimulado bar **Native** –con el extraordinario barman Vijay Mudaliar al frente– abrió sus puertas en la popular Amoy St en el 2016 y enseguida estuvo en boca de todos. Los entendidos en cócteles disfrutan con la variada oferta de combinados elaborados con licores regionales (como ron tailandés y *arrack* esrilanqués) e ingredientes locales. Se aconseja echar un vistazo al laboratorio de fermentación de la 3ª planta.

Ir a la caza de antigüedades TIENDA

PLANO: 17 P. 128 D5

Por su aspecto un pelín dejado, la tienda de antigüedades **Tong Mern Sern** contrasta con las *shophouses* gentrificadas de Craig Rd. Esta polvorienta cueva de Aladino atestada de muebles, libros, tallas de madera, piezas de porcelana y otros bártulos atrae a buscadores de tesoros. Aquí no aplican estrategias de venta agresivas, sino que invitan a conversar sobre las curiosidades que uno encuentra.

El irónico cartel colgado sobre la puerta reza así: "Compramos trastos y vendemos antigüedades. Algunos necios compran. Algunos necios venden". Más vale tomárselo con humor.

Dar una vuelta por un lugar de moda HDB

En la planta baja de los bloques de viviendas públicas (HDB) de Singapur suele haber personas mayores que cotillean; sin embargo, en el **Everton Park** (PLANO: 18 P. 128 **B6**), al sur de la estación Outram Park del MRT, es más probable topar con amantes del café.

Aquí se lleva la palma **Nylon Coffee Roasters** (PLANO: 19 P. 128 **C6**), pequeña cafetería sin asientos que goza de legendaria reputación por sus mezclas de temporada y granos de origen único que tuestan in situ. Quien quiera algo dulce para acompañar el café o el té puede pedir un delicioso pastelito en la diminuta repostería **The Better Half** (PLANO: 20 P. 128 **C5**).

Blair Rd, calle situada detrás, es ideal para digerir paseando entre una sucesión de vistosos edificios de uso comercial y residencial.

Preparar platos tradicionales LECCIÓN DE COCINA

PLANO: 21 P. 128 **E2**

El viajero puede aprender a guisar las especialidades con las que se estará atiborrando en **Food Playground,** escuela de cocina con un enfoque práctico que rinde homenaje al carácter multicultural de Singapur enseñando a preparar clásicos como *laksa* (sopa de fideos a base de leche de coco), *nasi lemak* (arroz con coco) y *char kway teow* (fideos de arroz fritos con berberechos, salchicha china y salsas oscuras).

Normalmente, las clases duran 3 h e incluyen una explicación sobre las recetas y los ingredientes locales; se puede reservar plaza en foodplayground.com.sg.

Averiguar cómo se casan los muertos TEMPLO

PLANO: 26 P. 128 **F6**

Los turistas suelen pasar por alto el pequeño **templo Seng Wong Beo** por su discreta ubicación tras una verja metálica junto a la estación Tanjong Pagar del MRT. Este lugar de culto taoísta está dedicado a la divinidad de ciudad china, cuya misión consiste en salvaguardar la prosperidad del lugar y guiar las almas de los difuntos al inframundo.

El Seng Wong Beo se distingue del resto de templos singapurenses por ser el único que celebra bodas entre espíritus, práctica ritual que pretende ayudar a los padres de jóvenes fallecidos a concertar su matrimonio en el más allá.

LAS MEJORES ZONAS PARA COMER

Chinatown tiene fama por la calidad de la comida servida en áreas ajetreadas como las siguientes:

Amoy Street y Telok Ayer Street

Las paralelas **Amoy St** (PLANO: 22 P. 128 **H3**) y **Telok Ayer St** (PLANO: 23 P. 128 **H3**) acogen multitud de restaurantes sofisticados, cafeterías de moda, puestos callejeros y bares escondidos.

Keong Saik Road

PLANO: 24 P. 128 **D4**

Esta calle de postal flanqueada por edificios tradicionales está repleta de restaurantes internacionales de primera categoría y bares para tomar algo antes o después de cenar.

Duxton Hill

PLANO: 25 P. 128 **E4**

Las vías adoquinadas de esta frondosa colina invitan a relajarse comiendo y bebiendo al aire libre.

SUGERENCIAS

Lo mejor para...

Localizaciones en el plano de la **p. 128**

$ Económico $$ Medio $$$ Alto

Comer

Fideos exquisitos

A Noodle Story $
27 G4
Puesto que atrae a los vecinos entendidos en comida con su único plato: *ramen* al estilo singapurense. *10.00-16.00 lu-vi*

Noodle Man $
28 F2
Fideos de consistencia perfecta elaborados por manos expertas ante el cliente en el mostrador de la cocina abierta y guisados con una variedad de sabrosas sopas y salsas. *12.00-16.00 y 18.00-20.00*

Tai Wah Pork Noodle $
véase 37 F1
Local famoso por sus impecables fideos con el grado justo de elasticidad donde vale la pena esperar para probarlos con carne picada de cerdo *(bak chor mee)*. *7.30-15.00 ma-do*

Especialidades a base de arroz

Hawker Chan $
29 E2
Aunque haya perdido la estrella Michelin que le habían otorgado, el tierno y suculento pollo en salsa de soja con arroz aún justifica hacer cola. *10.30-15.30 lu-sa*

Lian He Ben Ji Claypot Rice $
30 E2
Establecimiento célebre por el ahumado arroz en cazuela de barro, cuya cocción al carbón desde cero requiere 45 min. *15.00-21.00 ma-mi y vi-do*

Tiong Shian Porridge $
31 D2
Hay que tomar asiento en un taburete para degustar *congee* (gachas de arroz) con huevo centenario, cerdo o, si uno se atreve, ancas de rana. *8.00-4.00 ma-do*

Hiong Kee Dumplings $
véase 37 F1
Dumplings de arroz glutinoso envueltos en hojas de bambú cuyos gustosos rellenos justifican la larga cola para comprarlos. *9.00-17.00 lu-vi, hasta 14.00 sa*

'Dumplings' deliciosos

Zhong Guo La Mian Xiao Long Bao $
32 E2
Las bolas de masa de este puesto recompensan a quienes muestran paciencia, especialmente el *xiao long bao* (*dumpling* de sopa) y el *wanton* picante de Sichuan. *11.30-15.00 y 17.00-20.30 mi-do*

Jing Hua Xiao Chi $
33 E4
Publicitado como pionero de los *dumplings* en Singapur, este restaurante informal debe su buena reputación a los de sopa (xiao long bao) y a los fritos, así como a la *pizza* china. *11.30-15.00 y 17.30-21.30 ma-do*

Dumpling Darlings $$
34 G3
Modesto restaurante en la concurrida Amoy St que prepara magistrales *dumplings* con rellenos

únicos como pato ahumado, patata trufada o salsa *sriracha. 11.00-14.30 y 17.30-22.00 ma-do*

Áreas de restauración

Chinatown Complex $

35 E2

Laberíntico centro con más de 260 puestos, muchos de los cuales cierran a las 20.00. *7.00-22.00 (horario variable según el puesto)*

Maxwell Food Centre $

36 F3

Lugar de lo más accesible donde la comida callejera típica de la ciudad nunca decepciona. *7.00-22.00 (horario variable según el puesto)*

Hong Lim Food Centre $

37 F1

Área de restauración tradicional que triunfa entre los gastrónomos; en general, conviene acudir temprano para almorzar sin prisas antes de que cierren. *7.00-19.00 (horario variable según el puesto)*

Comida vegetariana y vegana

Lian Xin Vegetarian Restaurant $

véase 8 F3

Situado bajo el templo de la Reliquia del Diente de Buda, pasa desapercibido pese a sus asequibles y nutritivos platos. *9.00-14.30*

Yi Xin Vegetarian $

38 E2

El cliente elige el arroz, pide una buena ración de curri e indica los acompañamientos que le apetecen (bastan tres o cuatro); a partir de las 11.30 cuesta encontrar asiento. *8.00-20.00 lu-sa*

Eight Treasures Vegetarian Restaurant $$

39 F3

Creativa carta a base de especialidades chinas donde figura claramente la información dietética; el personal resolverá cualquier duda con profesionalidad. *11.30-14.30 y 18.00-21.30 ma-vi, desde 17.00 sa-do*

Restaurantes 'gourmet'

Olivia Restaurant & Lounge $$$

40 D3

Animado restaurante que teletransporta a los comensales a Barcelona con tentadores platos inspirados en la gastronomía catalana y mediterránea. *12.00-14.00 ma-ju, hasta 14.30 vi-do, 18.00-22.30 ma-do*

COL $$$

41 D4

Restaurante tan acogedor como sofisticado que aporta una pizca de encanto londinense al pequeño punto rojo con platos principales al horno de leña y guarniciones excelentes. *17.00-24.00 ma-sa*

Nixta $$$

42 H2

Restaurante mexicano de alto nivel en una *shophouse* de Amoy St (con la entrada en la calle lateral). *12.00-15.00 y 17.30-23.00 lu-mi, 12.00-23.30 ju-sa, hasta 23.00 do*

Firangi Superstar $$$

43 D5

Restaurante de cocina india moderna con salas teatrales donde la comida es tan sublime como el diseño interior. *12.00-14.30 y 17.30-22.30 lu-sa*

Restaurantes de categoría

Cloudstreet $$$

44 G3

El chef y propietario Rishi Naleendra, nacido en Sri Lanka y formado en Australia, propone una odisea culinaria de 2½ h que abarca diferentes sabores y culturas. *18.30-hasta tarde ma-ju, desde 12.00 vi-sa*

Zén $$$
45 C4
Sobresaliente experiencia gastronómica de la mano del chef sueco Björn Frantzén que aúna ingredientes europeos e influencias niponas en una *shophouse. 12.00-17.00 y 19.00-22.30 ma-vi*

Hashida Singapore $$$
46 G3
El viajero quedará boquiabierto ante la destreza con los cuchillos de los chefs que preparan sushi fresquísimo y platos japoneses tradicionales con toques contemporáneos. *12.00-15.00 mi-do y 19.00-22.30 ma-do*

Thevar $$$
47 D4
El chef Mano Thevar reinterpreta en clave moderna los alimentos de la tradición india; cuesta un ojo de la cara, pero uno sale satisfecho. *17.30-hasta tarde ma-sa y 12.00-15.00 sa*

Beber

Cócteles artesanales

No Sleep Club
48 D4
Con dos leyendas de la mixología como dueños, es lógico que este bar haya consolidado su fama desde que abrió como local temporal. *16.00-24.00 ma-sa, 12.00-18.00 do*

Sago House
49 E5
Establecimiento de barrio que actualiza constantemente su carta de cócteles; para entrar, hay que buscar la mano de hierro en la *shophouse* de Duxton Hill donde se emplaza. *18.00-24.00 ma-do*

Junior the Pocket Bar
50 F3
Coctelería clandestina de inspiración coreana y tamaño compacto que sirve combinados bien cargados. *17.00-24.00 ma-vi, desde 18.00 sa*

Copas y baile

Employees Only
51 H2
A partir de las 21.00 suelen desaparecer los asientos en este auténtico homenaje a un *speakeasy* neoyorquino donde preparan una extraordinaria selección de bebidas innovadoras. *17.00-1.00 do-ju, hasta 2.00 vi-sa*

Set of Six
52 D5
Quien llegue pronto disfrutará de una experiencia refinada hasta que empiece a sonar la música de fiesta que invita a bailar. *16.00-24.00 lu-sa*

Cervezas de barril y embotelladas

Lion Brewery Co
53 G2
Histórica compañía londinense renacida en el sureste asiático que se ha propuesto redefinir la excelencia en la elaboración de cerveza artesana; su sede en Singapur ofrece 25 variedades de barril que satisfacen cualquier paladar. *11.30-24.00 do-mi, hasta 1.00 ju-sa*

Good Beer Company
54 H1
Paraíso para cerveceros en una *shophouse* con 20 tiradores y un montón de botellas en la nevera. *12.00-23.00 lu-vi*

Smith Street Taps
55 E2
Puesto en un área de restauración que varía a menudo su oferta de cervezas de barril artesanas y *prémium* de todas partes del mundo; se prefiere el pago en efectivo. *18.00-22.30 ma-ju, hasta 23.00 vi-sa*

Café

Rough Guys Coffee
56 F2
Basta subir las escaleras para descubrir esta monocromática cafetería chic cuyos simpáticos baristas hablan con entusiasmo sobre todo lo relativo al café. *8.00-18.00 lu-vi, desde 10.00 sa-do*

Lim's Café
57 E2
Puesto que combina la tradición singapurense con las técnicas contemporáneas al preparar el clásico *kopi* con una cafetera exprés. *9.00-18.30 sa-do y ma, hasta 19.00 lu, 8.30-20.30 ju-vi*

Parallel Coffee Roasters
58 G2
Sitio ideal para entendidos en café que utiliza granos de procedencia global tostados localmente para elaborar variedades mezcladas, de origen único y de edición limitada, que deleitan el paladar. *8.00-16.00*

Glass Roasters
59 A2
Divina cafetería en una callejuela de Tiong Bahru que presume de una cambiante selección de granos y de cafés con leche con sabores deliciosos. *8.30-17.00*

Comprar

Hallazgos 'vintage'

NearesTTen
60 E1
Económico negocio oculto tras los turísticos tenderetes de recuerdos de Pagoda St con una cuidada selección de prendas para hombre y mujer que marcan tendencia. *13.00-21.00 vi-ma*

Dustbunny Vintage
61 D4
Es necesario concertar una cita para visitar esta tienda de moda femenina *vintage* donde destacan los vestidos retro de diseño propio. *lu-sa con cita previa*

Née Vintage Store
62 F2
Acogedora *boutique* especializada en lujosos artículos de segunda mano (y autenticidad garantizada) como bolsos, joyas, zapatos y objetos decorativos de grandes firmas de moda. *12.00-19.00 ma-do*

Marcas locales

Peranakan Tiles Gallery
63 H3
Esta galería y tienda de baldosas en manos del aficionado Victor Lim deslumbra con las brillantes tonalidades de sus más de 30 000 piezas antiguas, algunas de ellas a la venta. *12.00-18.00*

Little Match Girl
64 G4
Casa de moda con conciencia social que apuesta por condiciones de trabajo justas y tejidos sostenibles y ecológicos para confeccionar indumentos de elegancia atemporal que no salen caros ni al planeta ni al bolsillo. *11.00-20.00*

Ette Tea Company
65 E4
Contemporáneas mezclas de tés con sabores únicos de la isla y el resto del sureste asiático, incluidos algunos tan deliciosos e inesperados como arroz con pollo, *nasi lemak* y tartaleta de piña. *14.30-20.00 ma-vi, 13.00-17.30 sa*

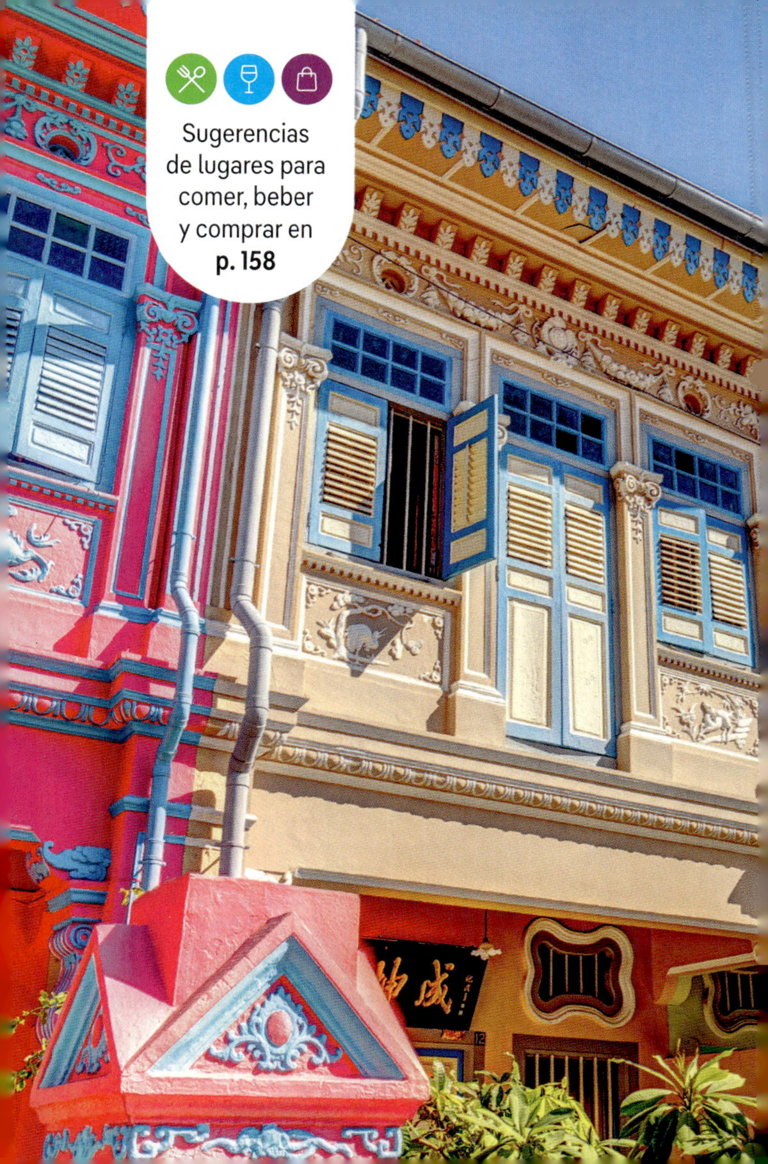

Sugerencias de lugares para comer, beber y comprar en **p. 158**

Explora
Este de Singapur

La costa oriental de Singapur, marcada antaño por la piratería y los conflictos navales, tenía *kampongs* (aldeas), manglares, plantaciones de cocos y casas de vacaciones de ciudadanos adinerados; este paisaje se transformó a partir de 1962 por la política de tierras ganadas al mar.

Hoy, los distritos orientales muestran la variada cultura singapurense. El más próximo al centro es Geylang, antiguo barrio rojo dominado por mezquitas y otros templos. Justo al este, Joo Chiat muestra edificios tradicionales pintados de múltiples colores que representan a la comunidad peranakan. El East Coast Park bordea bordea la fachada marítima. Más a levante, Changi, con su conmovedor museo, es punto de partida de los *bumboats* que llevan a Pulau Ubin.

Cómo desplazarse

MRT
La reciente línea de metro Thomson-East Coast ha agilizado la conexión con el este de Singapur.

Autobús
Para ir a Changi Village y la Capilla y Museo de Changi, hay que tomar el bus nº 2 frente a la estación Upper Changi del MRT.

Taxi
Aunque la red de metro y autobús ya llega a esta parte de la isla, quizá se deba recurrir a un taxi para el tramo final del trayecto.

Joo Chiat (p. 150).
MEHDI33300/GETTY IMAGES ©

★

LO MEJOR

CIRCUITO A PIE
Joo Chiat (p. 150)

NÚCLEO ESPIRITUAL
Geylang (p. 153)

MUSEO DE GUERRA
Capilla y Museo de Changi (p. 152)

ISLA
Pulau Ubin (p. 157)

BARRIO
Changi Village (p. 157)

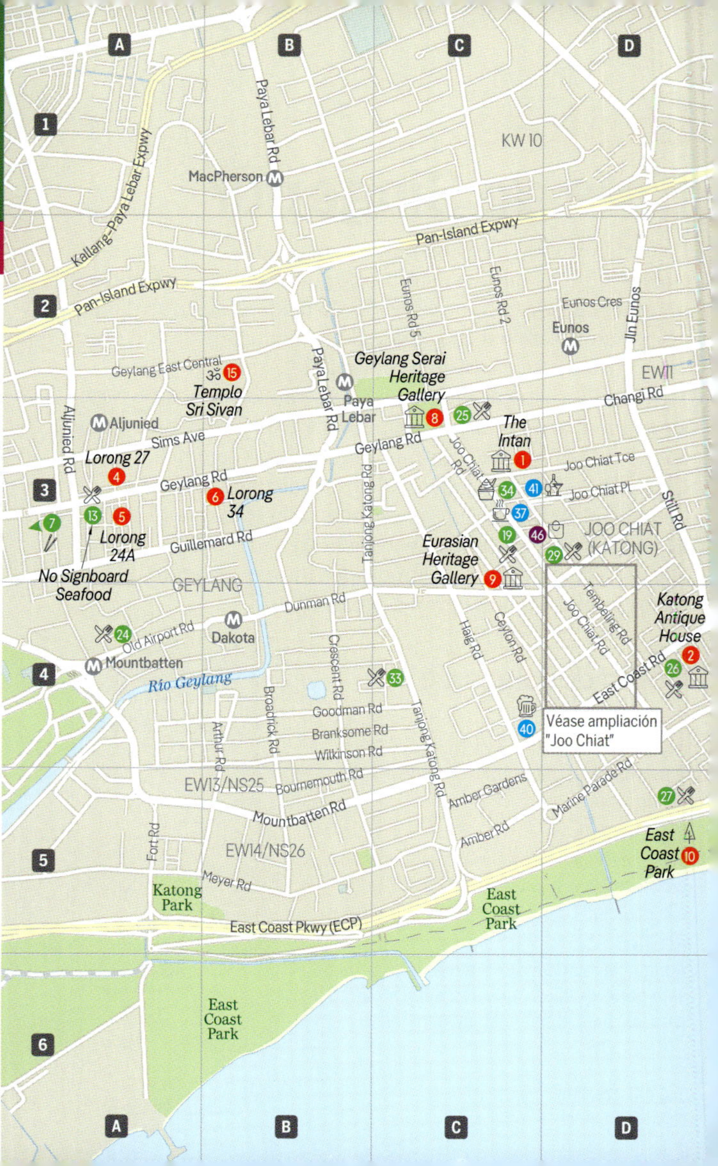
A
B
C
D
1
2
3
4
5
6
Kallang-Paya Lebar Expwy
Paya Lebar Rd
MacPherson
KW 10
Pan-Island Expwy
Pan-Island Expwy
Eunos Rd 5
Eunos Rd 2
Eunos Cres
Eunos
Jln Eunos
EW11
Changi Rd
Geylang East Central
15
Templo Sri Sivan
Paya Lebar Rd
Paya Lebar
Geylang Serai Heritage Gallery
8
25
The Intan
1
Aljunied
Aljunied Rd
Sims Ave
Lorong 27
4
Geylang Rd
Geylang Rd
6
Lorong 34
Joo Chiat Rd
Joo Chiat Tce
34
41
Joo Chiat Pl
Still Rd
7
13
5
Lorong 24A
Guillemard Rd
Tanjong Katong Rd
37
19
46
JOO CHIAT (KATONG)
29
Eurasian Heritage Gallery
9
No Signboard Seafood
GEYLANG
Dunman Rd
Tembeling Rd
Joo Chiat Rd
Katong Antique House
24
Old Airport Rd
Dakota
Haig Rd
Ceylon Rd
2
Mountbatten
Río Geylang
Crescent Rd
33
East Coast Rd
26
Broadrick Rd
Goodman Rd
Arthur Rd
Branksome Rd
Wilkinson Rd
Tanjong Katong Rd
40
Véase ampliación "Joo Chiat"
EW13/NS25
Bournemouth Rd
Mountbatten Rd
Amber Gardens
Marine Parade Rd
27
Fort Rd
EW14/NS26
Amber Rd
East Coast Park
10
Meyer Rd
Katong Park
East Coast Park
East Coast Pkwy (ECP)
East Coast Park
A
B
C
D

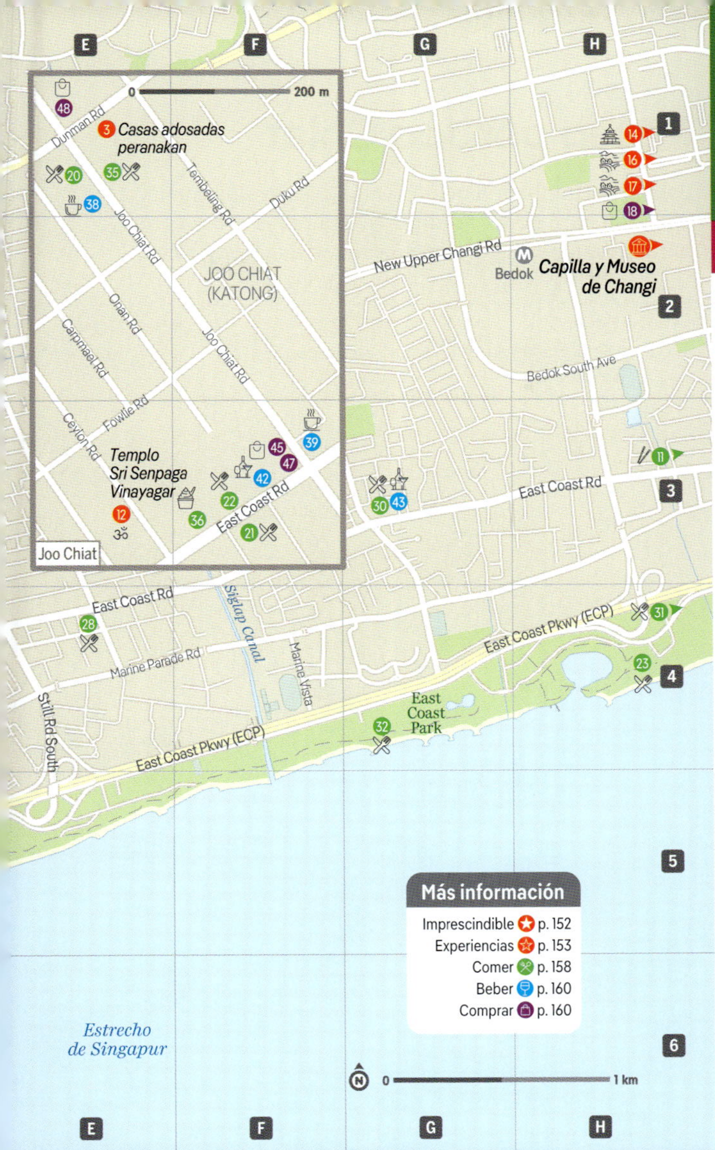
E
F
G
H
1
2
3
4
5
6
0
200 m
48
3 Casas adosadas peranakan
Dunman Rd
20
35
38
Tembeling Rd
Duku Rd
Joo Chiat Rd
JOO CHIAT (KATONG)
Onan Rd
Carpmael Rd
Joo Chiat Rd
Fowlie Rd
Ceylon Rd
Templo Sri Senpaga Vinayagar
12
36
22
42
45
47
39
21
East Coast Rd
Joo Chiat
14
16
17
18
New Upper Changi Rd
Bedok
Capilla y Museo de Changi
Bedok South Ave
11
30
43
East Coast Rd
East Coast Rd
28
Siglap Canal
Marine Parade Rd
Marine Vista
Still Rd South
East Coast Pkwy (ECP)
31
23
East Coast Park
32
East Coast Pkwy (ECP)
Más información
Imprescindible p. 152
Experiencias p. 153
Comer p. 158
Beber p. 160
Comprar p. 160
Estrecho de Singapur
N
0
1 km

CIRCUITO A PIE

Paseo por Joo Chiat

Esta área (también llamada Katong) se explora mejor andando para poder admirar con calma la arquitectura, parando cuando se quiera en cafeterías y *boutiques*.

INICIO	FINAL	DURACIÓN
Geylang Serai Market and Food Centre	Templo Sri Senpaga Vinayagar	2,4 km; 2½ h

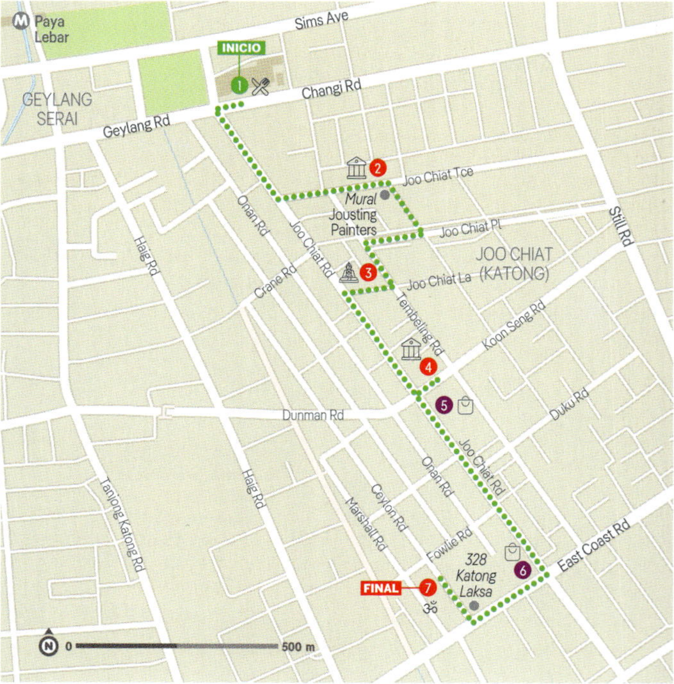

1 Mercado pueblerino

La aventura empieza en el **Geylang Serai Market and Food Centre,** corazón de la comunidad malaya de Singapur; se puede echar un vistazo al animado mercado y a los puestos de comida antes de cruzar Changi Rd y avanzar al sur por Joo Chiat Rd.

2 Belleza peranakan

Tras girar a la izquierda por Joo Chiat Tce, se dejará atrás una hilera de impresionantes *shophouses;* si uno va sobrado de tiempo, puede reservar con antelación la visita al museo privado **The Intan,** emplazado en esta calle. Al doblar a la derecha por Everitt Rd se esbozará una sonrisa ante el divertido mural **'Jousting Painters'** de Ernest Zacharevic, apodado "el Banksy malayo". Luego se continúa al sur hasta el cruce con Joo Chiat Pl, donde se verá otra sucesión de elegantes edificios a mano izquierda.

3 Templo con dragones danzantes

De regreso a Joo Chiat Rd, se recomienda desviarse a la izquierda por Tembeling Rd para contemplar el ornamentado **templo budista Kuan Im Tng.** Acto seguido, hay que girar a la derecha por Joo Chiat Ln para llegar de nuevo a Joo Chiat Rd.

4 Calle apastelada

Se continúa hacia el sur con la cámara lista para inmortalizar las **casas adosadas peranakan** de color pastel en Koon Seng Rd; la mayoría son residencias privadas, así que se debe ser prudente al sacar fotos.

5 Mezcla de tradición y modernidad

Se retoma Joo Chiat Rd para descubrir **Teong Theng Co,** histórica tienda de objetos de ratán inaugurada en 1945; esta zona, donde la gentrificación está en pleno apogeo, alberga numerosas *boutiques* y cafeterías de moda.

6 Maravilla peranakan

Continuando más al sur por Joo Chiat Rd se llega a la intersección con East Coast Rd: a la derecha se encuentra **Rumah Bebe,** *shophouse* de intensa tonalidad azul que engloba todo lo relacionado con la cultura peranakan.

7 Templo colorido

En la siguiente esquina de East Coast Rd se puede pedir un bol de *laksa* en el restaurante de culto **328 Katong Laksa,** acompañado de un zumo de lima; con el estómago lleno, toca deambular por Ceylon Rd y admirar el bonito **templo Sri Senpaga Vinayagar,** cuyo interior está adornado con espléndido arte devocional.

★ IMPRESCINDIBLE

Capilla y Museo de Changi

Aunque en el 2001 se reubicó fuera de la prisión de Changi, este lugar sobrecogedor aún representa una oda al coraje de los civiles y prisioneros de guerra del bando aliado que fueron internados durante la ocupación japonesa de Singapur en la II Guerra Mundial.

PLANO: P. 148 **H2**

CONSEJO
Para llegar, tomar la línea Downtown del metro hasta la estación Upper Changi, hacer transbordo al autobús nº 2, bajar en la séptima parada (Opposite Changi Chapel Museum; 97201) y cruzar la calle.

Escanea este código QR para descargar la guía del visitante y reservar las entradas.

Museo

Distribuido en ocho zonas, el museo relata las espeluznantes experiencias que vivieron los reclusos a través de objetos, muestras interactivas, fotografías e informes. Conmueve especialmente la réplica de una celda con la puerta auténtica; aunque solo había espacio para un preso, se hacinaban hasta cuatro.

Se oyen las históricas grabaciones de conversaciones entre encarcelados que suenan por los altavoces. Su inventiva y determinación se evidencian en el transmisor de código morse oculto en una caja de cerillas y las colchas donde las mujeres escondían códigos secretos descifrables solo por sus seres queridos.

Murales

El museo también acoge reproducciones a escala real de los famosos murales de Changi pintados por el prisionero de guerra Stanley Warren en el antiguo hospital penitenciario. Los originales, presentes en el bloque 151 del cercano campamento militar, no están abiertos al público.

Capilla

La atracción principal es una reconstrucción de la capilla de Changi, erigida por los internos. Aquí se encuentra la cruz de Changi, realizada en 1942 con el casquillo de un proyectil de 4,5 pulgadas y tiras de latón reaprovechadas.

Ahondar en la herencia peranakan

MUSEOS

Hay dos museos privados cuya visita se debe planificar con antelación porque solo abren con cita previa; cada uno ofrece una perspectiva única y detallada sobre la comunidad peranakan.

The Intan (PLANO: 1 P. 148 **C3**), emplazado en un hogar particular de Joo Chiat Tce, propone distintas experiencias. El dueño y conservador Alvin Yapp da una calurosa bienvenida y narra la cautivadora historia de su extensa colección de antigüedades, artefactos y tejidos que lleva amasando más de tres décadas. La "experiencia del té" invita a degustar *nonya kuehs* (pastelitos de arroz) para sumergirse en esta cultura.

La **Katong Antique House** (PLANO: 2 P. 148 **D4**), en East Coast Rd, fue la eterna pasión del difunto Peter Wee, fundador y peranakan de cuarta generación. Esta casa-museo está llena de antigüedades, objetos, muebles, fotografías y joyas que atestiguan una labor minuciosa; los nuevos custodios se esfuerzan por preservar el sueño y el legado del señor Wee.

Pasear por una calle de postal

ARQUITECTURA

PLANO: 3 P. 148 **E1**

Koon Seng Rd, flanqueada por extraordinarias **casas adosadas peranakan,** posiblemente sea la calle más pintoresca y fotografiada de Singapur. Las preciosas viviendas multicolor lucen adornos alegres que van desde dragones, aves y cangrejos de estuco hasta baldosas esmaltadas.

Un elemento característico de este estilo arquitectónico es la presencia de puertas de vaivén *(pintu pagar)* ante el acceso principal que garantizan ventilación y privacidad. Hay que tener presente que la mayoría de estas casas adosadas son residencias privadas.

Aventurarse en un núcleo espiritual con un lado atrevido

BARRIO

Los rumores son ciertos: Geylang está salpicado de burdeles, clubes de *striptease* y hoteles de cuestionable reputación; por la noche, las calles del barrio revelan un ambiente bastante subido de tono (al menos, para los estándares singapurenses). No obstante, por extraño que parezca, Geylang también es uno de los núcleos espirituales de la Ciudad del León, con multitud de templos, colegios religiosos y santuarios.

Hay varios *lorongs* (callejones) sugestivos por donde es buena idea pasear de día, incluidos los arbolados **Lorong 27** (PLANO: 4 P. 148 **A3**), **Lorong 24A** (PLANO: 5 P. 148 **A3**) y **Lorong 34** (PLANO: 6 P. 148 **B3**); aquí se hallan *shophouses* restauradas y sin restaurar de diferentes colores, evocadores lugares de culto e incensarios.

El otro aliciente de Geylang es la oferta gastronómica. Geylang Rd y Sims Ave están a rebosar de económicos e informales restaurantes; en **Geylang Lor 9 Fresh Frog Porridge** (PLANO: 7 P. 148 **A3**) se podrá probar un plato típico de la zona: gachas de rana.

Familiarizarse con el patrimonio de Geylang MUSEOS

Quien desee conocer el pasado y presente de Geylang puede visitar dos museos pequeños pero apasionantes. El primero, la **Geylang Serai Heritage Gallery** (PLANO: 8 P. 148 **C3**), repasa la evolución del distrito desde que fuera plantación de limoncillos hasta la actual vibrante urbanización; el visitante descubrirá su encanto actual gracias a exposiciones que abarcan fotografías, grabaciones y libros.

El segundo museo, la **Eurasian Heritage Gallery** (PLANO: 9 P. 148 **C3**), desvela la singular historia de la comunidad euroasiática de Singapur; aunque este grupo constituye menos del 1% de la población, su herencia oriental y occidental ejerce una profunda influencia en el panorama cultural. Aquí se examinan a fondo sus extraordinarios logros y tradiciones en el ámbito religioso, culinario, musical y deportivo.

Echar un vistazo a objetos de valor MUSEO

véase 5 P. 148 **A3**

Tras el umbral de una hechizante *shophouse* de Geylang aguarda **Eng Tiang Huat Chinese Cultural Shop,** tienda con antigüedades, tejidos, atrezo operístico, trajes e instrumentos tradicionales de China entre incontables estandartes rojos. Con todo, la protagonista es la antigua máquina de coser Singer que evoca los recuerdos de Jeff Eng, propietario de tercera generación, como maestro del bordado.

El abuelo de Jeff, que aún da nombre al negocio, abrió una sastrería en la década de 1930. Debido a la competencia feroz, el comercio empezó a importar bienes fabricados en China y, poco a poco, se transformó en un proveedor

LA COMUNIDAD PERANAKAN

En Singapur, el término “peranakan” se refiere a los descendientes de inmigrantes casados con lugareñas de origen malayo. De la fusión de costumbres locales y foráneas a lo largo de los siglos ha surgido una fascinante cultura híbrida que está renaciendo. La comunidad peranakan se subdivide en tres etnias: los chitty y los jawi son de ascendencia india (hinduistas y musulmanes, respectivamente), mientras que los miembros del grupo más numeroso tienen sus raíces en China continental y se denominan “chinos de los estrechos” (en alusión a las antiguas colonias del Estrecho: Singapur, Penang y Malaca).

de productos culturales del gigante asiático.

Jeff estará encantado de mostrar su reino al visitante, a la vez que comparte anécdotas y entresijos de su oficio.

Disfrutar de una jornada junto al mar

PARQUE

PLANO: 10 P. 148 **D5**

Los singapurenses aprovechan el **East Coast Park** para distintas actividades: natación, *windsurf, wakeboard,* kayak, ciclismo y pícnics. En este 'patio comunitario' que bordea 15 km de la costa este hay cocoteros mecidos por el viento, matorrales, una laguna, clubes de deportes acuáticos y restaurantes excelentes, así como varios parques infantiles y puntos de alquiler de bicis a lo largo de la orilla.

Sería una lástima marcharse sin probar marisco y *satays* (brochetas) en **East Coast Lagoon Food Village** (p. 158).

Atiborrarse de marisco

RESTAURANTE

PLANO: 11 P. 148 **H3**

Para alegría de los vecinos, nada ha cambiado en **Hua Yu Wee Seafood** desde 1970 (a excepción del aire acondicionado). Ubicado en un bungaló colonial que se construyó cuando East Coast Rd aún se asomaba a la playa, este concurrido e informal establecimiento con una atmósfera relajada y cuantiosas mesas al aire libre ofrece una genuina experiencia singapurense.

Los comensales podrán pedir *zi char* (tapas) y platos de pescado y marisco, como chili de cangrejo y chipirones crujientes, a camareras ataviadas con las *kebayas* (blusas nyonya) de las azafatas de Singapore Airlines.

Visitar un templo glorioso

TEMPLO HINDUISTA

PLANO: 12 P. 148 **E3**

El **templo Sri Senpaga Vinayagar,** uno de los templos hinduistas más hermosos de Singapur, sobresale por su *kamala paatham,* piedra de granito esculpida expresamente que se halla en ciertos lugares de culto ancestrales de esta fe. El interior está adornado con espléndido arte devocional (se incluyen explicaciones en varios idiomas). La grandiosidad de la estructura es aún mayor gracias a la *garbhagriha,* sanctasanctórum cuyo fastuoso techo luce una resplandeciente capa de oro.

Catar cangrejo a la pimienta blanca

RESTAURANTE

PLANO: 13 P. 148 **A3**

El emblemático restaurante **No Signboard Seafood** surgió como un puesto de comida sin nombre en la década de 1970 (de ahí su nombre). Su fundadora, Ong Kim Hoi, le otorgó fama al inventar el cangrejo a la pimienta blanca, especialidad en que la dulce carne del crustáceo marida de maravilla con el sabor picante del condimento. También causan furor el chili de cangrejo (con el grado de picante a discreción del cliente) y los crujientes langostinos recubiertos de cereales.

Admirar un crisol de religiones

TEMPLO

PLANO: 14 P. 148 **H1**

Los orígenes del **templo Loyang Tua Pek Kong** se remontan a la década de 1980, cuando se erigió una sencilla cabaña para albergar estatuas de deidades taoístas, budistas e hinduistas descubiertas cerca del litoral de Loyang.

Desgraciadamente, en 1996 un incendio devastó el santuario; este hecho motivó la construcción de un templo en Loyang Way que se trasladó a la ubicación actual en el 2007.

El moderno lugar de culto presenta impresionantes tallas de madera, complejas representaciones de dragones y centenares de coloridas efigies de divinidades y santos. Este sitio simboliza el enfoque inclusivo de la espiritualidad en Singapur al reunir tres religiones bajo un mismo techo; incluso hay un altar dedicado a Datuk Kung, figura venerada en las tradiciones del animismo malayo y el taoísmo chino.

Entrar en un templo itinerante

TEMPLO HINDUISTA

PLANO: 15 P. 148 **B2**

El **templo Sri Sivan,** levantado en Orchard Rd a mediados del s. XIX, honra al dios Shiva. En la década de 1980, el terreno en el que se encontraba fue adquirido y recalificado, por lo que el edificio se desplazó temporalmente a Serangoon Rd antes de que fuera reconstruido en su actual ubicación de Geylang en 1993.

El templo destaca por su caprichoso e intrincado diseño que combina elementos de la arquitectura del norte y del sur de la India. Un bello ejemplo de dicha fusión es la estructura octogonal compuesta por miles de piezas de caliza y mármol labradas a mano. Se permite visitar el interior siempre que uno vista con decoro y se descalce en el umbral.

EL REY DE LOS FRUTOS ASIÁTICOS

En Singapur, el durián tiene mala reputación y está prohibido en la mayoría de los medios de transporte público (sobre todo, el metro), hoteles y centros comerciales debido al fortísimo olor que desprende. Aun así, muchos vecinos lo adoran y todo visitante lo debería probar al menos una vez. En Sims Ave hay varios puestos callejeros con mesas donde se puede comer este fruto, incluido Durian Culture; los vendedores indicarán cómo hacerlo (p. ej., más vale usar los guantes ofrecidos para evitar que las manos apesten durante días).

Disfrutar de la brisa marina BARRIO

PLANO: 16 P. 148 H1

Changi Village, en el extremo de la costa nororiental, ofrece un respiro del ajetreo urbano; en esta parte más apacible de Singapur, los vecinos visten el 'uniforme' típico: camisetas sin mangas, bañadores de surf y chanclas.

Aunque los edificios bajos son modernos, se percibe un ambiente pueblerino, con el animado **Changi Village Hawker Centre** (p. 158) como centro neurálgico; los aficionados al buen comer se agolpan aquí para debatir sin cesar sobre cuál es el mejor de los tres puestos de *nasi lemak* (arroz con coco): **Missy Corner** (01-26), **International Muslim Food Stall Nasi Lemak** (01-23) o **Changi Famous Nasi Lemak** (01-28).

La rústica cervecería artesana **Little Island Brewing Co** (p. 115) es perfecta para relajarse a última hora de la tarde.

Esta área de restauración es adyacente a la terminal de ferris de donde zarpan los *bumboats* a Pulau Ubin. Justo detrás se encuentra el punto de partida del **Changi Point Coastal Walk,** pasarela entablada de 2,2 km de largo que atraviesa manglares y una playa arenosa.

Hacer una excursión ISLA

PLANO: 17 P. 148 H1

Pulau Ubin ("isla de Granito"), a 10 min en *bumboat* desde Changi Village, es la escapada perfecta para los amantes de la naturaleza.

Los singapurenses hablan con nostalgia de la atmósfera de pueblo de Ubin, isla rural que sigue cubierta por una jungla salvaje. Se recomienda dedicarle un día entero, pues la mitad de la diversión consiste en encontrar los puntos de interés; al bajar del ferri, lo mejor es alquilar una bici y explorar los senderos.

En la parte oriental aguarda el humedal Chek Jawa, con una **pasarela entablada** de 1 km de longitud, la **torre de observación Jejawi,** de 20 m de altura, y el serpenteante **sendero sensorial.**

Hacia el oeste se hallan el circuito de BMX **Ketam Mountain Bike Park,** el sereno **templo Wei Tuo Fa Gong** y el curioso **German Girl Shrine** ("santuario de la Muchacha Alemana"), monumento construido en memoria de una chica alemana que vivió y murió aquí durante la I Guerra Mundial.

Solo hay un puñado de sitios que venden tentempiés (solo aceptan efectivo). Si ninguno de los dos restaurantes de Ubin está abierto, tocará regresar a la isla principal para comer.

Ir al aeropuerto con tiempo CENTRO COMERCIAL

PLANO: 18 P. 148 H1

Con unos jardines dignos de *Parque Jurásico,* el centro comercial **Jewel,** ubicado en el aeropuerto de Changi, es de visita obligada. La mayor cascada interior del mundo, que desciende 40 m desde el techo abovedado de vidrio, deja sin aliento.

SUGERENCIAS

Lo mejor para...

Localizaciones en el plano de la p. 148

$ Económico $$ Medio $$$ Alto

Comer

Especialidades de la cocina peranakan

Guan Hoe Soon $$
19 C3
Primer restaurante nyonya (sinónimo de peranakan) de Singapur, inaugurado en 1953; el plato estrella es *ayam buah keluak* (pollo estofado con nueces oscuras). *11.00-15.00 lu-do, 17.30-21.00 lu-vi, desde 17.00 sa-do*

Old Bibik's Peranakan Kitchen $$
20 E1
Establecimiento informal que apuesta por recetas de larga tradición en la gastronomía peranakan; la carne de ternera del *rendang* se deshace en la boca. *11.30-21.30*

Baba Chews $$
21 F3
Restaurante que destaca por las reinterpretaciones modernas de grandes clásicos y los postres. *6.30-22.30*

Kim Choo Kueh Chang $
22 F3
Ofrece tradicionales *nonya kuehs* (coloridos pastelitos de arroz) y *dumplings* de arroz desde 1945, así como excelentes *ondeh ondeh* (dulces bolitas de arroz con pandano) y *kueh dadah* (creps de pandano rellenas de coco y azúcar de palma). *9.00-21.00*

Áreas de restauración

East Coast Lagoon Food Village $
23 H4
Ventilado centro junto a la playa con montones de propuestas típicas como *satay*, *laksa* y *pastinaca*. *16.00-22.30 lu-ju, desde 11.00 vi, desde 10.00 sa-do (horario variable según el puesto)*

Old Airport Road Food Centre $
24 A4
Gigantesco centro con 168 puestos cuyas delicias hay que probar. *6.00-22.30 (horario variable según el puesto)*

Changi Village Hawker Centre $
véase 16 H1
Concurrido centro con numerosos puestos de *nasi lemak* que compiten por ser el mejor de la isla. *6.00-2.00 lu-vi, 24 h sa-do (horario variable según el puesto)*

Geylang Serai Market & Food Centre $
25 C3
Bullicioso mercado inspirado en la arquitectura de los *kampongs* y repleto de puestos de comida malaya e india donde catar *nasi padang* (arroz con curris). *8.00-22.00 (horario variable según el puesto)*

Locales tradicionales

Chin Mee Chin Confectionery $
26 D4
Histórica confitería que ha modernizado su aspecto sin dejar de preparar café y productos horneados a la vieja usanza; la *kaya* (mermelada de coco y huevo) de la casa es una exquisitez. *8.00-16.00 ma-do*

Roland Restaurant $$
27 D5
Se atribuye a la señora Lim, madre de Roland, la invención del icónico chili de cangrejo típico de Singapur en la década de 1950; hoy, su hijo aún sirve esta especialidad como dicta la receta original. *11.30-14.00 y 18.00-22.00*

Italiana y mediterránea

Al Forno $$
28 E4
Este humilde restaurante italiano es toda una institución desde 1995 con comida sustanciosa; se aconseja pedir *pizza* al horno de leña con masa fina. *11.30-14.00 lu-do, 18.00-22.00 lu-ju, desde 17.30 vi-do*

Forma $$$
29 D3
Aquí se puede saborear la esencia de la Italia rural con platos contundentes –incluidos algunos a base de pasta hecha a mano– que representan la auténtica cocina tradicional de este país. *12.00-14.30 vi-do y 18.00-22.30 ma-do*

Blu Kouzina $$
30 G3
Con la atmósfera propia de una isla griega (solo falta el mar), esta encantadora taberna es célebre por sus frescas salsas para mojar, ensaladas y carnes asadas a la perfección. *11.30-14.30 y 17.30-22.30 ma-do*

Fico $$$
31 H4
Restaurante donde se tiene la impresión de sentarse a la mesa en la costa de Apulia con un menú de temporada concebido para compartir y compuesto por pasta artesanal, marisco suculento y *focaccina* (cruce entre *focaccia* y *pizza*). *11.30-14.00 ju-vi, 17.30-21.00 lu-vi, 11.30-21.00 sa-do*

Cafeterías informales

PS.Cafe East Coast Park $$
32 G4
Café, comida y vistas estelares en un local ventilado con ambiente de playa donde uno puede sentarse dentro o fuera. *8.00-22.00 do-ju, hasta 22.30 vi-sa*

Supernova $$
33 C4
Establecimiento con muchos asientos que triunfa gracias a un café excelente y desayunos copiosos, así como a cócteles y vinos naturales por la tarde-noche. *8.00-22.00 ma-sa, hasta 19.00 do*

Hello Arigato $$
véase 20 E1
Cafetería de inspiración nipona que sirve comida reconfortante, café especial y bollos exquisitos; su fama se debe, sobre todo, a los sándwiches japoneses *(sando)* y las patatas fritas rizadas. *9.00-17.00 ma-vi, desde 8.00 sa-do*

Tentaciones dulces

Apiary $
34 C3
Heladería conocida por los gustos originales que ofrece, incluido el exclusivo Blue Milk con un perfecto equilibrio entre dulce y salado. *12.00-21.00 ma-do*

Petit Pain $
35 E1
Vale la pena hacer cola ante esta panadería por las esponjosas, mantecosas y hojaldradas *viennoiseries* que hornea tres veces al día. *11.00-17.00 ma-do*

Birds of Paradise $
36 F3
Selecta heladería que crea sus sabores con ingredientes botánicos naturales como frutas, flores, hierbas y especias. *12.00-22.00*

Beber

Café y tentempiés de calidad

Common Man Coffee Roasters

37 C3

Con una academia para baristas y un espacio para tostar los granos in situ, se entiende que el café sea excepcional; el *brunch* servido a todas horas es otro punto a favor. *7.30-17.00 lu-do, 18.00-22.00 ma-ju y do, hasta 23.00 vi-sa*

Kings Cart Coffee Factory

38 E1

Lugar ideal para expertos en café que se distingue con la colección "Singapore Signature". *9.00-18.00*

Humble Origins Coffee Roasters

39 F3

Coqueta cafetería cuyos granos cultivados en las montañas Shan de Myanmar otorgan deliciosas notas a nueces y frutas al café; los bizcochos tampoco están nada mal. *8.30-17.30 mi-lu*

Copas

Freebird

40 C4

Relajante local especializado en cerveza artesana con 12 de barril que van cambiando y una nevera bien surtida; el fin de semana, el patio exterior se anima con la música del DJ. *15.00-24.00 ma-vi, desde 14.00 sa-do*

60ml by Asador

41 C3

Sugerente *speakeasy* oculto tras un espejo en el restaurante Asador, cuyos cargados cócteles llevan nada menos que 60 ml de licor. *17.30-24.00*

Hidden Story

42 F3

Escondido detrás de la puerta de una cámara de refrigeración, este bar 'clandestino' presenta una carta de cócteles ejemplar que rinde homenaje al rico legado peranakan del barrio. *18.00-24.00 lu-sa*

The Winery Gourmet Bar

43 G3

Establecimiento acogedor que presume de vinos del viejo mundo con una amplia selección de botellas procedentes de Europa, incluidas algunas poco comunes de regiones apartadas. *15.00-24.00 lu-vi, desde 12.00 sa*

Comprar

Productos que representan estilos de vida

Onlewo

véase 34 C3

Asombrosa colección de artículos de temática singapurense como estampados, papel pintado, material de oficina, menaje y más. *10.30-16.30 mi-sa*

Cat Socrates

45 F3

Peculiar negocio con un amistoso asistente felino, rebosante de productos de diseñadores independientes locales y extranjeros. *10.00-18.00 lu, hasta 19.00 vi, hasta 20.00 sa, 11.00-19.00 do*

Rye

46 C3

Tienda de moda femenina con sede en Singapur que presenta transitorias colecciones cápsula cuyas piezas de diseño minimalista

POSITIVESOUNDVISION/ALAMY STOCK PHOTO ©

La La, en el Old Airport Road Food Centre (p. 158).

y atemporal transmiten una elegancia natural. *11.00-20.00 lu-do*

Hallazgos 'vintage'

RetroCrates

47 F3

Tienda independiente que vende vinilos de segunda mano y discos nuevos; el comercio asociado Goodvibes de la planta superior tiene productos promocionales del mundo de la música, incluida una vasta gama de camisetas. *12.00-18.00 ma-sa, hasta 17.00 do*

A Vintage Tale

48 E1

Ecléctico negocio *vintage* repleto de artículos vistosos –desde vestidos y bolsos hasta joyas– importados de todas partes del mundo. *11.30-18.30 ma-ju, hasta 19.30 vi-sa, 12.00-18.00 do*

Sugerencias
de lugares para
comer y beber en
p. 171

Explora
Norte y centro de Singapur

Esta parte silvestre y frondosa salpicada de reservas naturales, parques y senderos ofrece un respiro de la jungla de cemento. En el marco del programa Garden City, se están creando nuevas áreas protegidas que amplían la creciente red de espacios verdes.

La zona se presta a la exploración con circuitos entre las copas de los árboles y rutas de ciclismo de montaña. Quien no sienta afición por el excursionismo puede visitar templos magníficos, una aldea tradicional *(kampong)*, una fuente termal y los parques de la Mandai Wildlife Reserve comprometidos con la educación y la conservación.

Cómo desplazarse

MRT
El metro rodea y atraviesa el norte y centro de la isla con las líneas North-South y Downtown; la segunda da acceso a muchas reservas naturales.

Taxi
Es el medio más práctico para explorar la zona; si el coste supone un problema, se puede hacer parte del trayecto en metro.

Autobús
Circulan numerosas líneas, pero en un área tan vasta hace falta demasiado tiempo para alcanzar en bus los puntos de interés remotos.

Macacos, embalse MacRitchie (p. 169).

★

LO MEJOR

EXCURSIONISMO
Rail Corridor (p. 168)

ZOO
Mandai Wildlife Reserve (p. 166)

RESERVA NATURAL
Embalse MacRitchie (p. 169)

MUSEO DE GUERRA
Antigua fábrica Ford (p. 169)

ASENTAMIENTO TRADICIONAL
Lorong Buangkok (p. 170)

A
B
C
D
1
2
3
4
5
6
Mandai Rd
Mandai Rd
Mandai Rd
NEE SOON
Mandai Wildlife Reserve
Mandai Lake Rd
Bird Paradise
Night Safari
River Wonders
Zoo de Singapur
Embalse Seletar Superior
Seletar Expwy (SLE)
Bukit Timah Expwy (BKE)
Kranji Expwy (KJE)
Reserva Natural Central Catchment
Bukit Panjang
12 Parque Natural de Chestnut
Embalse Peirce Superior
Cashew
Dairy Farm Rd
Hillview
Tramo norte
Bukit Timah Expwy (BKE)
Tree Top Walk 2
21
22
Upper Bukit Timah Rd
Reserva Natural de Bukit Timah 14
Torre Jelutong 3
4 Antigua fábrica Ford
Pan Island Expwy (PIE)
Beauty World
Embalse MacRitchie
Rail Corridor
Parque Natural de Rifle Range 13
King Albert Park
Tramo central
Bukit Timah Rd
25
Sixth Avenue
Tan Kah Kee
Adam Rd
Bukit Timah Rd
0
2 km
Más información
Imprescindible p. 166
Experiencias p. 169
Comer p. 171
Beber p. 171

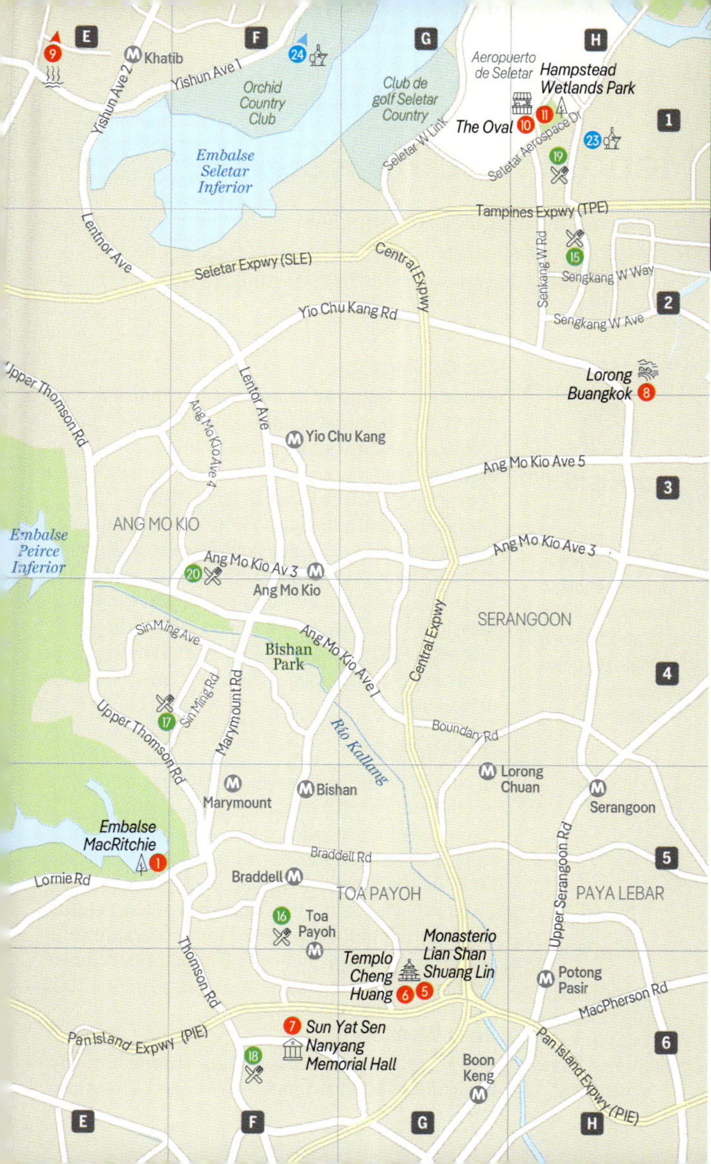
E
F
G
H
1
2
3
4
5
6
Khatib
Yishun Ave 1
Yishun Ave 2
Orchid Country Club
Club de golf Seletar Country
Aeropuerto de Seletar
Hampstead Wetlands Park
The Oval
Seletar W Link
Seletar Aerospace Dr
Embalse Seletar Inferior
Tampines Expwy (TPE)
Lentnor Ave
Seletar Expwy (SLE)
Central Expwy
Senkang W Rd
Sengkang W Way
Sengkang W Ave
Yio Chu Kang Rd
Upper Thomson Rd
Lorong Buangkok
Lentor Ave
Ang Mo Kio Ave 4
Yio Chu Kang
Ang Mo Kio Ave 5
ANG MO KIO
Embalse Peirce Inferior
Ang Mo Kio Av 3
Ang Mo Kio
Ang Mo Kio Ave 3
SERANGOON
Sin Ming Ave
Bishan Park
Ang Mo Kio Ave 1
Sin Ming Rd
Marymount Rd
Río Kallang
Boundary Rd
Lorong Chuan
Marymount
Bishan
Serangoon
Embalse MacRitchie
Lornie Rd
Braddell Rd
Braddell
TOA PAYOH
Upper Serangoon Rd
PAYA LEBAR
Toa Payoh
Thomson Rd
Monasterio Lian Shan Shuang Lin
Templo Cheng Huang
Potong Pasir
MacPherson Rd
Pan Island Expwy (PIE)
Sun Yat Sen Nanyang Memorial Hall
Boon Keng
1
5
6
7
8
9
10
11
15
16
17
18
19
20
23
24

★ IMPRESCINDIBLE

Mandai Wildlife Reserve

Una inolvidable aventura con animales aguarda en este recinto de naturaleza y fauna que se reputa como una de las mejores reservas del mundo por sus esfuerzos en materia de conservación y educación.

PLANO: P. 164 **C1**

CONSEJO
La entrada combinada Park Hopper permite ahorrar si se visitan dos o cuatro parques (válida durante siete días desde el primer acceso).

Escanea este código QR para consultar los horarios y comprar las entradas.

Zoo de Singapur

El **zoo de Singapur** es un refugio tropical de 26 Ha donde 300 especies de animales se mueven por recintos espaciosos, incluidos orangutanes, tigres blancos (foto) y grandes zorros voladores. Destaca la experiencia **Breakfast in the Wild,** en la que se disfruta de un desayuno bufé en compañía de orangutanes. El visitante también puede observar de cerca lémures de cola anillada, loris y perezosos en la gigantesca biocúpula **Fragile Forest** y espiar babuinos en la exhibición **Great Rift Valley.** Los peques lo pasan genial en **KidzWorld** gracias a toboganes, columpios, paseos en poni y animales de corral.

Night Safari

Al caer la noche, se propone un safari por una jungla con leones y leopardos. Las lanzaderas eléctricas abiertas por los lados avanzan entre casi 130 especies, incluidos tigres y elefantes. Ciertas áreas del **parque** se exploran a pie por senderos. Los niños alucinan con **Creatures of the Night,** espectáculo interactivo de 20 min protagonizado por nutrias, perros planoche y jabalíes barbudos (hay que ir pronto para sentarse en primera fila).

River Wonders

Este **parque** reproduce los reinos subacuáticos de ríos como el Nilo, el Yangtsé y el Congo. La exposi-

FELIX HUG/LONELY PLANET ©

ción sobre el **río Mekong** llama la atención por su acuario repleto de colosales peces gato y pastinacas, pero la auténtica joya es la **Amazon Flooded Forest,** donde nadan manatíes y enormes arapaimas. En la **Giant Panda Forest** hay pandas rojos y el célebre dúo de osos panda *Kai Kai* y *Jia Jia*. Tampoco hay que perderse el **paseo en barca Amazon River Quest** para ver jaguares, tapires y osos hormigueros gigantes.

Bird Paradise

Este **"paraíso"** con más de 3500 aves de 400 especies se divide en ocho pajareras que replican hábitats de todo el planeta. El mayor es la **Nyungwe Forest Heart of Africa,** inspirada en los valles boscosos de África. La **Ocean Network Express Penguin Cove** presenta uno de los hábitats fríos de agua salada más grandes del mundo, mientras que el **Sky Amphitheatre** acoge presentaciones con aves rapaces (Predators on Wings) o pelícanos y flamencos (Wings of the World).

UNA PAUSA

Hay numerosos sitios para comer dentro y fuera de los parques, pero **Mandai Wildlife West,** junto al acceso a Bird Paradise, ofrece muchas opciones.

★ IMPRESCINDIBLE

Rail Corridor

Con 24 km de largo, el primer sendero de gran recorrido de Singapur cruzará la isla de norte a sur cuando se complete en el 2026. El antiguo corredor ferroviario que conectaba con Malasia es hoy una vía verde con más de 52 000 árboles y arbustos nativos que revitaliza hábitats de especies amenazadas.

PLANO: P. 164 **B5**

CONSEJO
Un extremo del corredor es accesible desde la estación Kranji, mientras que el otro lo será a partir del 2026 desde la estación Tanjong Pagar, aunque hay varios puntos de entrada a lo largo de sus 24 km.

Escanea este código QR para planificar el itinerario.

Tramo norte

Al norte de la estación Hillview, esta **sección** de 10 km permite internarse en el territorio rural de Singapur. La excursión parte de **Kranji Node,** junto a la estación Kranji; se trata de un fácil paseo a la sombra por terreno llano. De camino al tramo de Hillview se atravesará una elevada línea divisoria para alcanzar un mirador a 6 m de altura que brinda vistas de la cantera de Singapur y la Reserva Natural de Bukit Timah.

Tramo central

La segunda **sección** de 4 km cercana a **Bukit Timah** es la más popular por sus puntos de interés histórico, como el **puente en celosía** (1932) y la **estación ferroviaria,** donde se ubica la cafetería **1932 Story.** Si uno dispone de poco tiempo, hará bien en elegir el tramo central y explorar las reservas naturales vecinas.

Tramo sur

La **sección** de 10 km al sur de Bukit Timah impresiona menos y estaba en obras en el momento de redactar esta guía. Su principal atractivo es la **Clementi Forest,** el mayor bosque sin protección del Rail Corridor donde crecen 98 especies de plantas vasculares, incluida la rara orquídea *Dienia ophrydis*.

Caminar sobre los árboles
RESERVA NATURAL

El céntrico **embalse MacRitchie** (PLANO: 1 P. 164 **E5**) baña un espacio verde en la vasta área central de captación de aguas. Esta reserva natural (llamada Central Catchment) con seis senderos de entre 3 y 11 km (el más popular es el que rodea el depósito) se considera uno de los mejores rincones para avistar animales en libertad; ojo, no se debe contrariar ni dar de comer a los macacos para evitar que se vuelvan agresivos.

Lo mejor del MacRitchie es el **TreeTop Walk** (PLANO: 2 P. 164 **D4**), puente colgante de 250 m de largo sobre el dosel arbóreo a una altura de 25 m; 1 km al sur, el denso follaje se abre y se ve la **Torre Jelutong** (PLANO: 3 P. 164 **D4**), estructura de ocho plantas con escalera de caracol que regala vistas panorámicas del bosque.

Informarse sobre la guerra
MUSEO

PLANO: 4 P. 164 **A4**

La vieja planta de montaje de la Ford Motor Company fue el lugar donde el Ejército británico entregó Singapur a los japoneses el 15 de febrero de 1942. Ahora, la **antigua fábrica Ford** acoge un museo que detalla la entrada del país en la II Guerra Mundial, los tres años de ocupación nipona, la recuperación de la soberanía y el camino hacia la independencia. Este sombrío episodio histórico se narra mediante entrevistas de audio, noticiarios, recortes de periódicos, fotografías, diarios y relatos personales.

Encontrar la paz
TEMPLO

El **monasterio Lian Shan Shuang Lin** (PLANO: 5 P. 164 **G6**) es uno de los templos budistas más antiguos del país. Fundado en 1898, se inspira en el templo Xi Chang Shi de Fuzhou (China). Dos puertas majestuosas enmarcan la entrada y una serie de figuras labradas adorna la pagoda de siete pisos. En las salas traseras aún viven monjes trabajadores.

Al oeste se alza el deslucido **templo Cheng Huang** (PLANO: 6 P. 164 **G6**), dedicado a la divinidad que administra justicia en el inframundo.

Visitar el histórico Sun Yat Sen Nanyang Memorial Hall
MUSEO

PLANO: 7 P. 164 **F6**

Edificado en la década de 1880, este **monumento nacional** fue la sede en el sureste asiático de la Alianza Revolucionaria China, movimiento de resistencia fundado por Sun Yat-sen que resultó decisivo en el derrocamiento de la dinastía Qing y la creación de la República de China en 1912.

Sun Yat-sen se alojó aquí durante su gira por Asia en busca de apoyos; esta mansión colonial victoriana alberga un museo donde se exponen objetos relacionados con la vida y obra del polifacético personaje.

LOS MEJORES PARQUES NATURALES

Parque Natural de Chestnut

PLANO: 12 P. 164 **B3**

Rutas de ciclismo de montaña para todos los niveles y dos parques de habilidades para practicar trucos.

Parque Natural de Rifle Range

PLANO: 13 P. 164 **D5**

La elevada pasarela Gliders lleva a Quarry Wetland, ecosistema de agua dulce al amparo de acantilados.

Reserva Natural de Bukit Timah

PLANO: 14 P. 164 **B4**

Bosque pluvial primario presidido por el pico más alto de Singapur (163 m) donde otrora reinaban los tigres.

Retroceder en el tiempo 'KAMPONG'

PLANO: 8 P. 164 **H2**

El rápido desarrollo de Singapur ha comportado la práctica desaparición de los *kampongs* que antaño estaban por doquier. En la isla principal solo queda una de estas aldeas tradicionales: **Lorong Buangkok,** que evoca la vida cotidiana en la isla antes de la independencia.

Aún habitan aquí 26 familias; el asentamiento es diminuto, así que bastan 30 min para verlo.

Darse un chapuzón relajante FUENTE TERMAL

PLANO: 9 P. 164 **E1**

Descubierta en 1909, la fuente termal de Sembawang se volvió popular entre los vecinos, quienes creían que sus aguas poseían propiedades curativas y terapéuticas. Durante la II Guerra Mundial, los japoneses convirtieron el lugar en unos baños tradicionales *(onsen)* que luego cayeron en desuso.

Las instalaciones, restauradas en la década de 1960, se transformaron en el **Sembawang Hot Spring Park** en el 2020. En este manantial en cascada, el agua que brota del suelo a 70 °C se enfría de forma natural hasta 40 °C en el nivel inferior. Destacan la última piscina, donde uno puede sumergir los pies, y las estaciones para hervir huevos.

Divertirse con la temática aeronáutica OCIO

El área rural de Seletar es un secreto local. En el período colonial se estableció aquí una base de la Real Fuerza Aérea británica que estuvo operativa de 1928 a 1971. Actualmente, la zona acoge el minúsculo aeropuerto de Seletar y las casas de color blanco y negro que conforman **The Oval** (PLANO: 10 P. 164 **H1**), un espacio con restaurantes, *spas,* tiendas y un parque infantil al aire libre inspirado en aeronaves.

Los amantes de la aviación y la ornitología se reúnen cerca de Hyde Park Gate con tal de avistar aviones y explorar el **Hampstead Wetlands Park** (PLANO: 11 P. 164 **H1**), marisma idónea para la observación de aves.

Localizaciones en el plano de la p. 164

Lo mejor para...

$ Económico $$ Medio $$$ Alto

Comer

Especialidades locales

Jalan Kayu Thasevi Food $
15 H2
Restaurante indio que sirve *roti prata* (pan plano) y pescado al curri desde la década de 1960. *24 h*

Come Daily Fried Hokkien Prawn Mee $
16 F5
Puesto de fideos con muchos adeptos gracias a la crujiente manteca con que los sazonan. *8.30-14.00 mi-do*

Sin Ming Roti Prata $
17 E4
Local célebre por las pequeñas porciones de *prata* que se mojan en una salsa de curri. *6.30-18.00*

Loong Fatt Tau Sar Piah $
18 F6
Popular por su *tau sar piah, bollito* de hojaldre hokkien relleno de pasta de judías dulce o salada. *7.30-16.30 lu-sa*

Restaurantes sobresalientes

Wheeler's Estate $$$
19 H1
Bar-restaurante en un edificio colonial con mesas al aire libre junto al césped. *15.00-23.00 ma-ju, hasta 24.00 vi, 9.00-24.00 sa, hasta 23.00 do*

Mellben Seafood $$
20 F3
Marisquería que, según algunos, sirve el mejor cangrejo de la ciudad. *17.00-23.00*

Acqua e Farina $$
21 A4
Restaurante italiano que usa ingredientes frescos y prepara pasta casera. *11.30-14.30 y 17.30-22.00 ma-do*

Beber

Bares nocturnos

Sixteen Ounces Bar & Kitchen
22 A4
Bar en el centro comercial Rail Mall que sirve bebidas artesanas y delicias de fusión de la taquería india Taco Mantra. *16.00-24.00 lu-vi, desde 12.00 sa-do*

Youngs Bar & Restaurant
23 H1
Bungaló blanco y negro donde degustar modernos platos europeos y pintas de Erdinger. *11.30-24.00 lu-ju, hasta 1.00 vi, 8.30-1.00 sa, hasta 24.00 do*

Nelson Bar
24 F1
Bar próximo al muelle de Sembawang que mantiene viva su historia con garabatos y antiguas fotografías de marineros en las paredes. *14.00-24.00*

Lazy Lizard
25 C6
Establecimiento junto a la concurrida Bukit Timah Rd, cuyo patio exterior se llena de trabajadores antes de volver a casa. *15.00-24.00 lu-ju, 14.00-1.00 vi, hasta 2.00 sa, hasta 23.00 do*

Guía práctica

Jewel (p. 157), aeropuerto de Changi.
TRAVEL MAN/SHUTTERSTOCK ©

Viajar en familia

Moverse por Singapur con niños no supone ningún problema: segura, limpia y eficiente, la ciudad cuenta con instalaciones y servicios para niños de cualquier edad, que son bienvenidos en todas partes.

Cómo desplazarse

Las estaciones de metro cuentan con ascensores; quienes empujen cochecitos deberán buscar las señales azules de uso prioritario. También lo podrán subir al autobús, donde hay un espacio designado con un sistema de sujeción. La aplicación de vehículos con conductor Grab permite reservar uno con sillita.

INSTALACIONES

Los centros comerciales y muchos restaurantes tienen cambiadores para bebés y baños para niños. Dar el pecho en público es poco común por las normas culturales, pero la actitud está evolucionando. Las aceras permiten ir con el cochecito y muchos hoteles disponen de cunas.

Alimentos infantiles

Los supermercados tienen comida para lactantes. Aunque numerosos restaurantes ofrecen menús para niños, se recomienda especificar "no picante" en las áreas de restauración. Los platos sencillos, como pollo con arroz, resultan ideales para los pequeños. El consumo de fruta cortada, que ayuda a combatir el calor, se considera seguro.

Descuentos

Los niños entran gratis o a precio reducido en múltiples museos y atracciones. El carné de estudiante también da derecho a descuento en muchos sitios.

Transporte público

Los niños de estatura inferior a 90 cm viajan gratis en trenes y autobuses junto a un adulto con billete.

Diversión refrescante

Muchos centros comerciales, parques y puntos de interés al aire libre –incluidos el **zoo de Singapur** (p. 166), los **Jardines de la Bahía** (p. 38) y los **jardines del lago Jurong** (p. 112)– disponen de áreas de juego con agua gratuitas; es útil llevar bañador, gorra y crema solar.

Alojamiento

La oferta abarca desde hoteles de lujo y residencias tradicionales hasta hostales y soluciones de gama media, pero los precios son altos.

Si te gusta...

Arquitectura y museos

Distrito Colonial y Marina Bay (p. 35)

Museos ilustrativos y mezcla de arquitectura clásica y moderna; los hoteles suelen ser lujosos y, por ende, costosos.

Largas sesiones de compras

Orchard Road (p. 83)

Popular calle con tiendas hasta donde alcanza la vista; hay muchos hoteles de postín, pero pocas alternativas asequibles.

CUÁNTO CUESTA UNA NOCHE

Cama (dc)
desde 30 SG$

Hab. (hotel estándar)
desde 250 SG$

Suite (hotel de lujo)
desde 600 SG$

IMPRESCINDIBLE

Nos encanta...

Chinatown (p. 127)
Las inmediaciones de las calles comerciales peatonales quizá parezcan demasiado turísticas (aunque acogen puntos de interés histórico y hostales estupendos), pero las zonas aledañas están salpicadas de excelentes coctelerías, hoteles-*boutique* y restaurantes.

Hallazgos únicos y arte callejero

Kampong Glam (p. 61) *Shophouses* adornadas con colorido arte callejero donde se emplazan *boutiques* independientes y negocios de tejidos y alfombras persas; abundan los hoteles de gama media y hostales de moda.

Perfección peranakan

Joo Chiat (p. 150)

Distendida atmósfera de barrio en el núcleo de la cultura peranakan; desde los económicos alojamientos se llega al centro gracias a la estación de metro recién inaugurada.

Ambiente playero y entretenimiento

Isla Sentosa (p. 117)

Destino de ocio repleto de resorts, atracciones para niños, adrenalínicos parques temáticos y relajantes clubes de playa.

Comida, bebida y fiesta

Alergias e intolerancias

No es común, pero las personas con alergias y/o intolerancias alimentarias podrían tener algún problema. Restaurantes y cafeterías suelen incluir los ingredientes en la carta, pero más vale preguntar siempre al personal.

La situación se complica en las áreas de restauración debido a la barrera lingüística y a la infrecuencia de alergias entre la población local; es esencial llevar encima la medicación oportuna.

DESCIFRAR LA CARTA

Ayam Pollo
Popiah Rollito de primavera
Sambal Condimento picante
Congee Gachas de arroz
Mian Fideos
Murtabak Tortita rellena de la India
Roti Prata Pan plano del sur de la India
Laksa Sopa de fideos a base de leche de coco

'HAPPY HOUR'

Las bebidas alcohólicas son caras, pero hay formas de pagar menos. Las áreas de restauración venden cervezas baratas y muchos bares hacen ofertas especiales durante la *happy hour* en algún intervalo de 12.00 a 21.00 (desde 2x1 hasta propuestas de la casa con descuento) para poder salir de noche sin arruinarse.

'Chope'

En las áreas de restauración se acostumbra a reservar *(chope)* el asiento antes de pedir, sobre todo cuando hay mucha gente; tradicionalmente, se coloca un paquete de pañuelos en el sitio, aunque hay quien deja paraguas, tarjetas de visita o móviles.

Cómo pagar la cuenta

Propinas No es habitual dar propina; la mayoría de los restaurantes incluyen un cargo por servicio del 10% en la cuenta, a diferencia de las áreas de restauración.

Repartición del importe Generalmente, la cuenta se divide a partes iguales, pero los comensales pueden pagar por separado (ciertos restaurantes fijan un máximo de tarjetas).

Efectivo o tarjeta En las áreas de restauración se prefiere el pago en metálico, pero muchas aceptan tarjetas locales; algunos cafés y restaurantes están dejando de lado el efectivo.

PRECIOS

Estos rangos se refieren al coste medio de un plato principal.

**$** menos de 15 SG$
**$$** 15-40 SG$
**$$$** más de 40 SG$

HORARIOS

Restaurantes 12.00-14.30 y 18.00-23.00
Cafeterías 8.00-18.00
Áreas de restauración 7.00-22.00 (algunos puestos hasta fin de existencias)

Salir

Coctelerías

Singapur es un referente en el ámbito de la mixología, donde los bármanes experimentan con ingredientes exóticos y técnicas innovadoras para crear nuevos cócteles en locales tradicionales, bares de azotea y *speakeasies* 'clandestinos'; destacan **Sago House** (p. 144) y **Native** (p. 140) en Chinatown, y **Backdrop** (p. 90) y **Other Room** (p. 90) en Orchard Rd.

Cuándo ir Los bares están tranquilos de domingo a jueves al irse la gente que acude después del trabajo; las noches de viernes y sábado hay que ir antes de las 19.00 para encontrar asiento.

Espera Podría haber cola en los estableci-mientos populares, pero los porteros suelen anotar el número de teléfono y llamar cuando hay sitio.

Singapore Sling El barman Ngiam Tong Boon creó este cóctel en el Raffles Hotel en 1915; la receta, otrora secreta, se divulgó hace tiempo y muchos bares sirven versiones modernas del original.

DMITY TRUSH/SHUTTERSTOCK ©

CUÁNTO CUESTA ...

'Kopi' (café)
1,10 SG$

Comida (área de restauración)
4-7 SG$

Cerveza (área de restauración)
8 SG$ (botella de 750 ml)

Copa de vino (bar)
18-25 SG$

Cóctel (bar)
25-35 SG$

Comida (restaurante)
25-45 SG$

Comida (restaurante de categoría)
150-500 SG$

Comunidad LGTBIQ+

La sociedad singapurense es conservadora, pero cada vez se defienden más los derechos del colectivo LGTBIQ+. En el 2022 se derogó la polémica ley 377A que prohibía el sexo entre varones.

Simbolismo del rosa

En junio, coincidiendo con el Mes del Orgullo, se celebran el Pink Fest y el Pink Dot. El **Pink Dot,** festival de un día establecido en el 2009, pretende fortalecer el vínculo con familiares y amigos; debido a las disposiciones gubernamentales, solo se permite el acceso al Hong Lim Park, sede del evento, a ciudadanos singapurenses y residentes permanentes. Por su parte, el **Pink Fest** organiza muchas actividades entretenidas –como proyecciones, desfiles de moda, una feria de empleo y un mercado– para un público diverso sin excluir a nadie.

Estas celebraciones, que cada año tienen más participantes, simbolizan el Orgullo con el rosa (color de la "carta de identidad" de los nacionales), mezcla de rojo y blanco (colores de la bandera nacional).

IMPRESCINDIBLE

Chinatown

La mayoría de los bares LGTBIQ+ están en Chinatown, incluidos pioneros como **Backstage Bar** y nuevos como **Neil Conversion Clinic** en Neil Rd. En la zona también hay saunas gais como la popular **Ten Mens Club.**

ESTANCIA SEGURA

No existen alojamientos específicos para viajeros LGTBIQ+, pero la mayoría de los hoteles le dan la bienvenida en línea con el enfoque internacional del sector turístico. Varios hostales de categoría superior ofrecen habitaciones o cápsulas privadas.

CAMINO A LA INCLUSIÓN

El guía turístico Isaac Tng propone un circuito a pie centrado en el camino de la nación en pos de la inclusión; consultar las fechas en pridecommunity.co/.

Recursos

- **hyper.com.sg** Fiestas épicas para el colectivo *queer*.
- **linktr.ee/proutapp** Espacio virtual seguro para que la comunidad LGTBIQ+ entre en contacto y encuentre reuniones, recursos y líneas de ayuda.
- **oogachaga.com** Organización comunitaria que trabaja con individuos, parejas y familias LGTBIQ+.

Salud y seguridad

Aunque Singapur es un país seguro, no hay que olvidar el mensaje de prevención del Gobierno: "La delincuencia es baja, pero existe".

PICADURAS DE MOSQUITO

En Singapur han aumentado mucho los casos de dengue, transmitido por mosquitos. Hay más picaduras durante el crepúsculo, pero se recomienda aplicar repelente de insectos a lo largo del día y vestir mangas y pantalones largos en la naturaleza. Los síntomas del dengue incluyen fiebre alta, cefalea, dolor muscular y erupciones cutáneas.

Medicina oriental y occidental

Singapur presume de un excelente sistema sanitario con eficientes salas de urgencias en hospitales públicos y privados. La espera suele ser breve, y la asistencia en centros públicos tiene un coste razonable; en todo caso, es aconsejable viajar con seguro de viaje. Las farmacias venden muchos productos y fármacos europeos. Las clínicas de medicina china tradicional –que ofrecen acupuntura, remedios herbales y otras terapias– reflejan el enfoque multicultural de la sanidad.

Agua del grifo
Beberla es seguro.

A TENER EN CUENTA

Seguridad
Singapur tiene uno de los índices de criminalidad más bajos del mundo, pero mejor estar alerta cuando hay mucha gente.

Drogas
La importación o exportación ilegal de drogas se castiga duramente, incluso con la pena de muerte.

Transporte público
Se prohíbe comer y beber en el autobús y el metro.

Advertencias sobre la fauna

En general, los animales de la isla son inofensivos, pero hay que guardar las distancias con monos y jabalíes en los bosques. Dar de comer a especies en libertad se sanciona con una multa considerable. La población de nutrias ha aumentado más del doble desde el 2019; también estas se deben observar desde lejos.

AGOTAMIENTO POR CALOR

Singapur tiene un clima cálido y húmedo todo el año; más vale pasar poco tiempo fuera cuando el sol aprieta y beber agua con frecuencia.

Turismo responsable

He aquí unos consejos para reducir la huella ecológica, apoyar a los lugareños y ejercer un impacto positivo en la comunidad.

Futuro sostenible

El *Singapore Green Plan 2030* es una exhaustiva hoja de ruta para cumplir los objetivos nacionales de desarrollo sostenible. Este plan verde se estructura en cinco pilares: Ciudad en la naturaleza, Vida sostenible, Reinicio energético, Economía verde, Futuro resiliente. El consorcio de turismo colabora estrechamente con miembros clave de la industria para implementar una estrategia de sostenibilidad alineada con el *Green Plan* que posicione Singapur entre los primeros destinos urbanos sostenibles, ofreciendo experiencias inmersivas con un impacto ambiental mínimo.

Programa verde de Grab

Grab invita a los usuarios a reducir su huella de carbono donando 10 céntimos por trayecto al *Green Programme* que se destinan a iniciativas de protección forestal y energía solar.

DE IZDA. A DCHA.: BSWEI/SHUTTERSTOCK ©, GILANG PRIHARDONO/SHUTTERSTOCK ©, LIEWLUCK/SHUTTERSTOCK ©

IMPRESCINDIBLE

Comida reconfortante

Se puede probar el *dim sum* en **Breakthrough Cafe** (breakthroughmissions.org.sg), donde un grupo de exdrogadictos empiezan de cero.

Pedaleo

Los aficionados a la bici pueden atravesar los pintorescos paisajes y dinámicos barrios de la isla gracias al programa **'Islandwide Cycling Network'** (go.gov.sg/aminfra).

La red de vías ciclistas se amplía continuamente con el fin de que llegue a 1300 km en el 2030; una vez completada, garantizará que toda vivienda diste como máximo 20 min a pie o en bicicleta del centro del barrio más cercano para mejorar la accesibilidad y fomentar un estilo de vida activo.

Recursos

• **nparks.gov.sg** Junta de Parques Nacionales. • **greenplan.gov.sg** *Singapore Green Plan 2030.* • **bca.gov.sg** *BCA Green Mark 2021,* certificación de construcción ecológica.

CIELOS MÁS LIMPIOS

A partir del 2026, Singapur exigirá el uso de combustible sostenible de aviación (SAF) a las aerolíneas que despeguen del país para reducir las emisiones de carbono. El Gobierno ha fijado el objetivo del 1% de SAF para el 2026, y de aumentarlo al 3-5% antes del 2030.

Compras conscientes

En vez de baratijas para turistas fabricadas en el extranjero, es mejor adquirir productos ecológicos de artesanos locales que defienden el comercio justo.

Social Space, con tres puntos de venta, es una ecléctica *concept store* de compromiso social que abarca cafeterías y negocios éticos; la sucursal de Kreta Ayer incluye hasta un salón de uñas. Los dueños quieren fomentar un estilo de vida más consciente y sostenible.

En las plantas superiores de **Lucky Plaza** (p. 89), en Orchard Rd, hay un montón de tiendas de segunda mano donde encontrar gangas.

El cambio climático y los viajes

Es imposible ignorar el impacto de nuestros viajes y la importancia de hacer cambios. Lonely Planet anima a todos los viajeros a involucrarse en su huella de carbono. Muchas webs de líneas aéreas y sitios de reservas ofrecen la opción de compensar el impacto de los gases de efecto invernadero realizando donaciones para iniciativas respetuosas con el clima en todo el mundo.

Hay muchas calculadoras de carbono en línea que permiten calcular las emisiones generadas por un viaje, como resurgence.org/resources/carbon-calculator.html (accesible con el código QR de la derecha).

ALTA VELOCIDAD SIN CONTAMINAR

En Sentosa aguarda la pista cubierta de karts eléctricos **HyperDrive** (p. 122), donde uno sentirá la emoción de correr al volante sabiendo que el vehículo no genera gases de escape. Escanear este código QR para reservar la actividad: thepalawansentosa.com/hyperdrive

Accesibilidad

Transporte público

En las estaciones de metro hay ascensores de uso prioritario, indicaciones táctiles, visuales y acústicas, señales fáciles de entender y baños adaptados para sillas de ruedas.

Los autobuses presentan rampas en las puertas traseras (el conductor ayudará a subir a quien lo necesite), espacios para sillas de ruedas y asientos reservados; casi ninguna parada presenta barreras arquitectónicas.

Taxis y vehículos con conductor

Los taxis no cobran suplemento para transportar sillas de ruedas, pero normalmente solo caben en el maletero las plegables. La aplicación Grab ofrece las opciones GrabAssist (vehículos con espacio para sillas de ruedas plegables) y GrabAssist Plus (vehículos accesibles sin bajar de la silla de ruedas).

IMPRESCINDIBLE

Museo Nacional de Singapur **(p. 46)**

Todo el recinto, galerías incluidas, es accesible en silla de ruedas, disponible sin coste en el mostrador de atención al visitante. Consultar nhb.gov.sg/nationalmuseum para obtener información sobre iniciativas como las mañanas tranquilas, los espacios silenciosos, la sala de descanso sensorial y las bolsas para niños con autismo.

SILLAS DE RUEDAS DE ALQUILER

La mayoría de las atracciones principales prestan sillas de ruedas en orden de llegada. **AGIS Medical** (agis.com.sg) las alquila, normales y motorizadas, con la opción de entrega y recogida.

Alojamiento

Muchos hoteles modernos cuentan con habitaciones y baños accesibles, pero las *shophouses* más antiguas y los hostales a menudo no.

AGLOMERACIONES

Aunque la mayor parte de Singapur es de fácil acceso en silla de ruedas, en Chinatown y Little India hay aceras estrechas y concurridas que pueden suponer un escollo para personas con problemas de movilidad, vista o audición.

Recursos

• **visitsingapore.com/travel-tips/essential-travel-information** La oficina de turismo explica cómo desplazarse fácilmente en el entorno urbano y los medios de transporte.

Lo esencial

Horarios

Estos horarios están vigentes todo el año, pero algunos puestos de áreas de restauración cierran cuando se quedan sin existencias.

Bancos 8.30-16.30 lu-vi, 9.30-12.00 sa

Restaurantes 12.00-14.30 y 18.00-23.00

Áreas de restauración y cafeterías 7.00-22.00

Bares 15.00-1.00

Clubes 22.00-3.00/6.00

Centros comerciales 10.00-21.00

Mercados 6.00-12.00 (los grandes hasta 17.00)

En Singapur se usa el sistema métrico.

A TENER EN CUENTA

Hora local Hora estándar de Singapur (GMT/UTC +8)

Código de país +65

Teléfono de emergencias 995

Población 5.9 millones de hab.

ELECTRICIDAD

230 V / 50 Hz

Fumar

Está prohibido fumar en casi todas partes, incluyendo parques, playas y paradas de autobús; para evitar multas de hasta 500 SG$, los fumadores deberán ceñirse a las áreas designadas. Los cigarrillos electrónicos son ilegales.

El tabaco no está sujeto a *duty-free* ni a reducción del impuesto sobre bienes y servicios; los cigarrillos se deben declarar en la aduana.

Fiestas oficiales

La mayoría de los centros comerciales, tiendas, atracciones, museos y restaurantes permanecen abiertos los festivos, menos los dos días de celebración del Año Nuevo chino, cuando cierran todos los negocios.

El Istana, despacho y residencia oficial del presidente, solo abre cinco días al año; consultar istana.gov.sg para obtener confirmación.

Año Nuevo 1 de enero

Año Nuevo chino Dos días de enero/febrero

Viernes Santo Marzo/abril

Hari Raya Puasa (Eid al-Fitr o Fiesta del Fin del Ayuno) Marzo/abril

Día del Trabajo 1 de mayo

Día de Vesak Mayo

Hari Raya Haji (Eid al-Adha o Fiesta del Sacrificio) Mayo/junio

Día Nacional 9 de agosto

Diwali Octubre/noviembre

Navidad 25 de diciembre

Idioma

Lo básico (malayo)

Hola Helo.

Adiós
Selamat tinggal
(cuando uno se marcha).
Selamat jalan
(cuando uno se queda).

Sí/No
Ya/Tidak.

Por favor
Tolong
(cuando uno pide).
Silakan
(cuando uno ofrece).

Gracias
Terima kasih.

Disculpa/perdón
Maaf/Minta maaf.

Frases sencillas (malayo)

¿Hablas inglés?
Bolehkah anda berbicara Bahasa Inggeris?

No entiendo.
Saya tidak faham.

La cuenta, por favor.
Tolong bawa bil.

¿Cuánto cuesta?
Berapa harganya?

¿Dónde está el baño?
Tandas di mana?

Me llamo...
Nama saya...

¿Cómo te llamas?
Siapa nama kamu?

¿Puedo ver la carta?
Minta senarai makanan?

VOCABULARIO BÁSICO Y FRASES SENCILLAS (TAMIL)

Hola
வணக்கம். va·nak·kam

Adiós
போய வருகிறேன்.
po·i va·ru·ki·reyn

Gracias
நன்றி. nan·dri

Sí/No
ஆமாம். aa·maam
இல்லை. il·lai

Por favor
தயவு செய்து.
ta·ya·vu chey·tu

Disculpa
தயவு செய்து.
ta·ya·vu sei·du

Perdón
மன்னிக்கவும.
man·nik·ka·vum

Números (mandarín)

1 一 yī

2 二 èr

3 三 sān

4 四 sì

5 五 wǔ

Lo básico (mandarín)

Hola
你好 **Nǐhǎo.**

Adiós
再见 **Zàijiàn.**

Sí/No.
是 **Shì/** 不是 **Bùshì.**

Por favor
请 **Qǐng.**

Gracias
谢谢你 **Xièxie nǐ.**

Disculpa (para llamar la atención).
劳驾 **Láojià.**

Disculpa (para abrirse paso).
借光 **Jièguāng.**

Perdón
对不起 **Duìbùqǐ.**

¿Hablas inglés?
நீங்கள் ஆங்கிலம் பேசுவீர்களா?
neeng·kal aang·ki·lam pey·chu·veer·ka·la

Frases sencillas (mandarín)

¿Hablas inglés?
你会说 英文吗? **Nǐ huìshuō Yīngwén ma?**

No entiendo.
我不明白 **Wǒ bù míngbái.**

La cuenta, por favor.
请给我账单 **Qǐng gěiwǒ zhàngdān.**

¿Cuánto cuesta?
多少钱? **Duōshǎo qián?**

¿Dónde está el baño?
厕所在哪儿? **Cèsuǒ zài nǎr?**

Me llamo...
我叫…… **Wǒ jiào...**

¿Cómo te llamas?
你叫什么名字? **Nǐ jiào shénme míngzi?**

¿Puedo ver la carta?
能不能给我看一下菜单? **Néng bù néng gěiwǒ kàngyīxià càidān?**

Información útil

Singapur tiene cuatro idiomas oficiales: malayo, chino mandarín, tamil e inglés.

El inglés es la lengua franca, mientras que el malayo -adoptado cuando la isla formaba parte de Malasia- se considera la lengua nacional a pesar de su uso restringido.

La campaña para promover el mandarín -principal variedad no dialectal del idioma chino- ha tenido éxito y cada vez más personas lo usan en casa; aquí se ha optado por la escritura en *pinyin* (sistema de transcripción oficial del mandarín al alfabeto latino) junto a los caracteres originales. El tamil es el idioma más hablado por la comunidad india de Singapur.

6	7	8	9	10
六 **liù**	七 **qī**	八 **bā**	九 **jiǔ**	十 **shí**

Índice

Puntos de interés p. 000
Págs. de los planos **p. 000**

Véanse también los subíndices:
Comer p. 189
Beber p. 190
Comprar p. 191

Comer

Beber

Comprar

La opinión del lector

Nos encanta escuchar a los viajeros ya que vuestros comentarios nos ayudan a mejorar nuestros libros. Podéis enviarlos a lonelyplanet.com/contact. Leemos todos los mensajes y garantizamos que estos llegan a los autores.

Nota: Es posible que determinados fragmentos de estos mensajes aparezcan en nuevas ediciones de las guías Lonely Planet, en la web o en productos digitales. Se ruega a todo aquel que no desee ver publicado este contenido ni que figure su nombre que lo haga constar. Para obtener una copia de nuestra política de privacidad, visita lonelyplanet.com/legal.

geoPlaneta
Av. Diagonal 662-664, 08034 Barcelona
www.geoplaneta.com – www.lonelyplanet.es

Lonely Planet Global Limited
Lonely Planet Global Limited, Digital Depot,
The Digital Hub, Dublín D08 TCV4, Irlanda
www.lonelyplanet.com
Contacta con Lonely Planet en: lonelyplanet.com/contact

Singapur de cerca
3ª edición en español – marzo del 2025
Traducción de *Pocket Singapore*, 8ª edición – octubre del 2024
© Lonely Planet Global Limited
1ª edición en español – junio de 2017

Editorial Planeta, S.A.
Av. Diagonal 662-664, 7º. 08034 Barcelona (España)
Con la autorización para la edición en español de Lonely Planet Global Limited, Digital Depot,
The Digital Hub, Dublín, D08 TCV4, Irlanda

ISBN: 978-84-08-29556-3
Depósito legal: B. 14.792-2024
Impresión y encuadernación: Estella
Printed in Spain – Impreso en España